JN127054

NEC Corporate Executive CISO
兼 サイバーセキュリティ戦略統括部長
NECセキュリティ　取締役

淵上 真一（編著）

Shinichi Fuchigami

経営層のための
サイバーセキュリティ
実践入門

生成AI、DX、コネクティビティ時代を
勝ち抜くための必須スキル

プレジデント社

はじめに

　近年、一般のニュースでも、サイバーセキュリティに関する事件や事故の報道がなされるようになり、社会インフラなどに大きな障害が起こった際には、それがサイバー攻撃によるものかどうかが話題に上るようになっています。

　数年前と比較して、格段に「サイバー攻撃」「サイバーセキュリティ」という言葉を身近で聞くようになってきているのではないでしょうか。

　現在、企業の各組織においてはDX（デジタルトランスフォーメーション）の名の下に、新たなシステムの導入、さまざまなクラウド利用の促進、ビジネスプロセスの変革が急速に進んでいます。

　システムが刷新され、クラウドの活用が進み、まさにネットワークにつながっていることが前提となっているビジネスプロセスにおいては、セキュリティに関する対策がますます重要な課題になっています。とりわけ、組織のサイバーセキュリティに関する経営層の責任は従来とは比較できないほどに重くなっています。

　そのような状況の中、「わが社としても、サイバーセキュリティに取り組まなくてはならないことは理解しているが、実際にどのように考え、どのように取り組んだらよいかわからない」という経営層の方々も多いのではないでしょうか。

　本書は、そのような経営層の方々に向けて、経営全般に責任を持つ立場として、サイバーセキュリティをどのように考え、そしてどのように取り組んでいったらよいのか、その指針としていただきたいという思いで作成しました。具体的には以下のような構成となっています。

序章　サイバーセキュリティとは

　本書を読むための最低限の知識である「サイバーセキュリティ」の概念と、主なサイバー攻撃の種類、代表的なサイバーセキュリティ対策についてまとめた上で、なぜサイバーセキュリティが経営層が取り組むべ

き重大な経営課題なのかを説明します。

第1章　サイバーセキュリティの現状

　近年サイバー攻撃が増加している理由をひもときながら、変化し続けるビジネス環境にサイバー攻撃が与える影響とリスクについて触れています。

第2章　経営層に求められる役割と戦略

　サイバーセキュリティの領域で具体的に経営層に求められる役割について、国内の代表的なガイドラインである『サイバーセキュリティ経営ガイドライン』（経済産業省と独立行政法人情報処理推進機構（IPA）が作成）を基に解説しています。また、その役割を果たすための戦略の国際的な標準として用いられるNIST（米国国立標準技術研究所）が発行している『Cybersecurity Framework』について触れつつ、私たちNECが実際にどのように取り組んでいるかを、リスクコントロールの視点も交えて解説します。

第3章　実践のための組織づくり

　立案した戦略を組織内に展開するための組織づくりについて、体制面ではさまざまな類型を示し、運用面では私たちの取り組みをご紹介しながら、より実効性を高めるためのガバナンスや、体制を整えるための人材の確保・育成に言及しています。

第4章　実践のためのシステム管理

　セキュリティ対策のデザインの考え方、またそれを支える情報収集（インテリジェンス）に触れた上で、構築した体制・対策を維持しセキュアであり続ける方法について解説しています。

第5章　インシデントハンドリング

　万が一サイバー攻撃を受けて事故が発生した際にどのようにハンドリ

ングをして収束をさせていくかについて、技術的な側面も含めて解説します。章末に実際に起きたインシデントの事例も掲載しているので、まずはそこから読んでいただいても理解が深まると思います。

　本書は、経営層に求められるサイバーセキュリティの知識について網羅的に扱っているため、すぐにはすべての項目が必要にならないかもしれません。

　みなさまの企業の組織やビジネスプロセスの変化に合わせて、必要なときに必要な項目を何度でも参照するハンドブックのように活用していただければ幸いです。

2024 年 2 月吉日 執筆チームを代表して
NEC Corporate Executive CISO
　兼 サイバーセキュリティ戦略統括部長
NEC セキュリティ 取締役

淵上真一

発刊に寄せて　〜DXの旅に「セキュリティ」というパスポートを〜

吉崎敏文

NEC 執行役 Corporate SEVP 兼 CDO 兼 デジタルプラットフォームビジネスユニット長（2024年4月着任）

NECの成長領域（AI、データ活用、生体認証、セキュリティ、クラウドなど）の製品、および事業変革を担当。戦略コンサルティング、DXオファリングなど新組織を拡大し、DXをリード。新しいNECのビジネスモデルにもチャレンジしている。

　2020 年に始まった新型コロナウイルス感染症（COVID-19）の世界的拡大（パンデミック）は、不幸なできごとではありましたが、私たち人類は持てる英知を結集して、危機的な状況からなんとか脱することができました。

　この一連の出来事を日本のメディアは「コロナ禍」と呼んでいましたが、自然災害のように人には防ぎようがない不幸を「災い」と表記するのに対し、同じく「わざわい」と読む「禍」という字には人為的な意味合いが含まれるそうです。新型コロナウイルスの発生自体は「災い」ですが、それを通して社会のさまざまな問題点があぶり出されました。

　そして、私たちは人間の努力や英知によってそれらを克服できることを目の当たりにしました。故事成語に「禍を転じて福となす」とありますが、今回のコロナ禍を糧に、特に働き方の見直しやデジタル技術の活用が大きく前進したように思います。たとえば、日本においては多くの

企業がリモートワークの導入や生産性向上に取り組む契機となり、「脱ハンコ」の動きにみられるように、仕事の本質について私たちが考え直すよい機会になったと思います。

　ところが現在、せっかく手に入れたデジタルの恩恵を手放して、業務の進め方や働き方を旧来どおりに戻そうとする企業が見受けられます。もちろんデジタルが万能だとは思いませんが、山積する社会課題に立ち向かわなくてはならない日本にとって重要な武器であることは疑いようがありません。この文脈での「旧来どおり」とは、退化を意味します。

　バブル崩壊後から今日までの日本経済は「失われた30年」と呼ばれていますが、私は「失った30年」だと思っています。

　このままではさらに30年を失うのではないかと、強い危惧の念を抱いています。考えたくはありませんが、もしも変革の停滞や退化によってまたも不幸が繰り返されたとすれば、それは覚悟と実行力のない皆が引き起こした禍、すなわち人災に他ならないのです。

人の能力を助ける人工知能「生成AI」を味方にする時代

　これから経営者が向き合うべきデジタルのトレンドを1つだけ挙げるとすれば、私は「生成AI」であると即答します。ChatGPTに代表される生成AIの急速な広がりは、私にとっても大きな衝撃です。

　数年前までAI（人工知能）の進展は「人間の仕事を奪う」などと、しばしばネガティブに紹介されがちでしたが、生産性の低さを指摘される中で人口減少が進んでいく日本にとっては、むしろチャンスと捉えるべきです。特に生成AIは、マイクロソフトが「副操縦士」の意味を持つ「Copilot（コパイロット）」というブランド名で展開していることからもわかるように、私たちをすぐ隣で助けてくれる存在となるでしょう。前向きなビジネスパーソンも、同じように受け止めているのではないでしょうか。

　それだけに、「生成AIを使いこなす人、うまく使えない人、忌避して使わない人」の間では、生産性あるいは競争力の差が開いていく一方になります。

　競争力の差が生まれるのは、国家間も同じです。とりわけ言語系の生成 AI は、既存の文章を読み込んで賢くなっていくため、文法の複雑さ、語彙、話者数、米国が技術開発をリードしていることなどを踏まえれば、英語圏から発達していくのは道理です。翻訳を挟んで利用できる状態にはなっているものの、現在の AI は日本のバックグラウンドや商習慣まで理解しているわけではなく、実用上はまだ物足りない状態です。

　そんな状況に対して、120 年以上にわたって日本企業と社会インフラを支えてきた弊社 NEC をはじめ、IT 業界はそのテクノロジーの実装能力を問われるタイミングだと考えています。

　弊社では独自に、高い日本語性能を有する軽量な LLM（Large Language Model：大規模言語モデル）「cotomi（コトミ）」を開発し、「NEC Digital Platform」に組み込んで展開を開始しています。お客様の社内に蓄積してきた知的財産や各種レポートなどを学習し、自社に生成 AI の力を活用することが可能です。

　2024 年春からは、NEC が持つ業種・業務ノウハウを基にした特化モデルを有する生成 AI の利用が可能になります。また、グローバルカンパニーとの共創も進んでいます。

　このように身近な人工知能「生成 AI」を味方にする時代を、日本も迎えているのです。

セキュリティ事故は人災

　さて、生成 AI 導入やクラウド活用といった DX（デジタルトランスフォーメーション）を進める上で、必ず一体で対応しなければならないのが、セキュリティ対策です。

　セキュリティ対策もまた、DX と同様に経営者が主体性を持って推進すべきテーマです。ところが、日本の経営者の中にはその意識があっても実行には希薄な傾向にある方もいて、私はもどかしさを感じてきました。

　なぜ、セキュリティ対策がないがしろにされているのか。その根本を探ると、そもそも経営全般においてリスクの考え方とフォーカスが経営

者によってかなり違うと感じています。

　日本では多発する自然災害に対して、治水や耐震性強化などの対策を講じた上で人々は前向きに生きてきました。一方で、経営のリスク、ことセキュリティに関してはコントロールできる余地が大きいにもかかわらず、抜本的な対策を打てているとは思えません。セキュリティ事故は「天災だからしかたない」のではなく、明らかに人災なのです。

　これは、日本社会が性善説で動いていたからなのかもしれませんが、誇れる面もある一方、現在のグローバル社会、インターネットで世界とつながった時代では通用しません。

　今こそ、経営判断に基づいたリスクに対する投資が必要なのです。米国では、「権利と義務」はセットであり、だからこそ主体的に取り組むべきだとの考え方が根づいているように思います。

　現在AIは、技術や潤沢なリソースを持つ者だけの特権ではなく、誰もが恩恵を受け取ることのできる存在になってきつつあり、これは「AIの民主化」とも呼ばれています。民主である以上は「権利と義務」はセットであり、AIをビジネスの推進力とするのであれば、経営の責任においてセキュリティ対策を実施することは、当然の義務なのです。

　もちろん、「経営者が自らネットワークを監視せよ」という話ではありません。CISO（最高情報セキュリティ責任者）やセキュリティ責任者に任せればいいのですが、このとき「CISOに任せているから」という態度では不十分です。詳しくは本文を読んでいただきたいのですが、経営トップが責任を負い、専門チームとともに進めなければ実効性が伴いません。

セキュリティは「守り」ではなく、「攻め」のための投資

　現在、世界を席巻しているのはソフトウェアに強みを持つ企業ですが、ビジネスはハードウェアなしには成り立ちません。私はそう遠くないうちにハードウェア、ものづくりの存在感が再び強まるものと確信しています。

　昨今、メディアでは日本の製造業が低迷しているかのような論調が多く見られます。それは断片的に捉えれば事実かもしれません。しかし、日本には「現場の力で改善できる」という強みがあり、世界に勝てる要素をたくさん持っています。

　一方、生産性の低さに課題があるのは事実ですし、人手も足りません。克服するにはDX、そのためのAIが欠かせません。

　セキュリティはDXという旅において忘れてはならないパスポートであり、守りではなく攻めのための投資です。そのことを念頭に、経営者の方にはぜひ取り組んでいただきたいと思います。

もう一度、世界を驚かせ、世界をリードする日本に

　日本の製造業の一社である私たちNECも、そう願って邁進しています。本書は弊社内のセキュリティに関する取り組みも例示しながら、経営層の活用を意識した構成としました。本書が日本企業、ひいては日本が力強く世界で躍動するための一助となれば幸いです。

目　次

[C o n t e n t s]

はじめに ・・・・・・・・・・・・・・・・・・・・・・・・・・・・・・・ 2

発刊に寄せて ・・・・・・・・・・・・・・・・・・・・・・・・・・・ 5

序章　サイバーセキュリティとは ・・・・・・・・・・ 15

第1章　サイバーセキュリティの現状

1-1　ビジネス環境の変化 ・・・・・・・・・・・・・・・・・・・・ 24

1-2　拡大するビジネスリスク ・・・・・・・・・・・・・・・・・・ 26

第2章　経営層に求められる役割と戦略

2-1　経営層に求められる役割 ・・・・・・・・・・・・・・・・ 32

　2-1-1　『サイバーセキュリティ経営ガイドライン』から読み解く
　　　　　経営者の責務 ・・・・・・・・・・・・・・・・・・・・・ 32

　2-1-2　重要インフラ事業者におけるサイバーセキュリティと
　　　　　経営層の責任 ・・・・・・・・・・・・・・・・・・・・・ 41

　2-1-3　経営層に求められる役割（総説）・・・・・・・・・・・ 45

2-2　役割を果たすための戦略 ・・・・・・・・・・・・・・・ 47

　2-2-1　NIST『Cybersecurity Framework』・・・・・・・・ 47

　2-2-2　NEC におけるサイバーセキュリティ戦略策定の実践例・ 56

2-3　リスクをコントロールする ・・・・・・・・・・・・・・・・・・ 61

　2-3-1　リスクの特定方法 ・・・・・・・・・・・・・・・・・・ 61

　2-3-2　リスク受容の考え方 ・・・・・・・・・・・・・・・・・・ 64

　2-3-3　セキュリティコントロールの考え方 ・・・・・・・・・・・ 65

コラム　生成 AI の活用で必要なセキュリティの観点とは? ・・・・・・ 68

第3章　実践のための組織づくり

3-1　体制を整える ・・・・・・・・・・・・・・・・・・・・・・・・ 78

　3-1-1　サイバーセキュリティ体制の構築（組織） ・・・・・・・ 78

　3-1-2　サイバーセキュリティ体制の構築（人材） ・・・・・・・ 91

3-2　実効性のある運用 ・・・・・・・・・・・・・・・・・・・・・ 95

　3-2-1　情報セキュリティリスクの考え方 ・・・・・・・・・・・・ 95

　3-2-2　NEC グループの実践例（Three Lines Model）・・・・ 98

　3-2-3　セキュリティ課題と解決へのアプローチ ・・・・・・・・ 105

3-3　ガバナンスを効かせる ・・・・・・・・・・・・・・・・・・・ 113

　3-3-1　サイバーセキュリティに必要なガバナンス ・・・・・・・ 113

　3-3-2　NEC グループのサイバーセキュリティに関する
　　　　　ガバナンス ・・・・・・・・・・・・・・・・・・・・・ 117

　3-3-3　セキュリティガバナンスの課題 ・・・・・・・・・・・・・ 126

3-4　人材の確保と育成 ・・・・・・・・・・・・・・・・・・・・・ 128

　3-4-1　セキュリティ人材を取り巻く環境 ・・・・・・・・・・・ 128

　3-4-2　セキュリティ人材を育成する取り組み ・・・・・・・・ 129

　3-4-3　現場の課題感とアプローチ ・・・・・・・・・・・・・ 134

　　　3-4-4　セキュリティ専門人材のキャリアパス・・・・・・・・139

第4章　実践のためのシステム管理

　4-1　対策をデザインする・・・・・・・・・・・・・・・142
　　　4-1-1　「ゼロトラストモデル」による対策の必然性・・・・・142
　　　4-1-2　データドリブンでのセキュリティ対策・・・・・・・147

　4-2　対策のための情報収集・・・・・・・・・・・・・・151
　　　4-2-1　サイバーセキュリティ対策における情報収集（全体像）・151
　　　4-2-2　サイバーセキュリティ対策における情報収集（各論）・・154

　4-3　対策を維持する・・・・・・・・・・・・・・・・・168
　　　4-3-1　セキュリティ対策の維持と脆弱性管理・・・・・・・168
　　　4-3-2　脆弱性ハンドリング（パッチ適用）の考え方と対応・・・173

第5章　インシデントハンドリング

　5-1　インシデントハンドリングとは・・・・・・・・・・・178

　5-2　インシデントハンドリングのプロセス・・・・・・・・・181
　　　5-2-1　①準備・・・・・・・・・・・・・・・・・181
　　　5-2-2　②検知と分析・・・・・・・・・・・・・・・182
　　　5-2-3　③封じ込め・根絶・復旧・・・・・・・・・・・185
　　　5-2-4　④事件後の対応・・・・・・・・・・・・・・195
　　　5-2-5　レピュテーションリスク対策・・・・・・・・・・198

　5-3　インシデントから学ぶ・・・・・・・・・・・・・・202
　　　5-3-1　経験から得られる学びと失敗のケーススタディ・・・・202
　　　5-3-2　ランサムウェア事例①・・・・・・・・・・・・・204

5−3−3　ランサムウェア事例②・・・・・・・・・・・・・・・・・・・213

5−3−4　インシデント事例からの学び・・・・・・・・・・・・・・221

おわりに・・・・・・・・・・・・・・・・・・・・・・・・・・・・・・・225

※本書に記載された内容は、2024年1月末現在の情報に基づきます。商品・サービスの
　名称や機能、URL等は予告なく変更される場合があります。あらかじめご了承ください。
※本書の出版にあたっては正確な記述に努めましたが、著者や出版社のいずれも、本書の
　内容に基づく運用結果について、なんらかの保証をするものではありません。
※本書内に記載されている会社名、商品名、製品名などは一般に各社の登録商標または
　商標です。本書中では®、™マークは明記しておりません。

序章

Cyber Security

サイバーセキュリティとは

サイバーセキュリティとは

　ここでは本書を読み進めるために必要となる前提知識について解説します。

　まず、本書が扱うテーマである「サイバーセキュリティ」とは、そもそも何なのか、改めて確認しておきましょう。

　サイバーセキュリティとは「企業が保有するデジタル情報やIT資産を脅威から守るための対策」を意味します。ここでいう「脅威」とは、サイバー攻撃など外部からの攻撃だけでなく、悪意を持つ関係者のデータ持ち出しや改ざんといった内部から発生するものもあります。

　類似する用語に「情報セキュリティ」がありますが、こちらはデジタル・アナログを問わず情報全般を守る（機密性、完全性、可用性を確保する）ための対策です。

　経済産業省と独立行政法人情報処理推進機構（IPA）が発行する『サイバーセキュリティ経営ガイドライン』などでは、「情報を守る」という側面において、情報セキュリティがサイバーセキュリティも包含する関係に位置づけられています。ただし、対策実務の観点では、サイバーセキュリティが守るべき対象は情報だけでなく、システムやソフトウェアといったIT資産も含みます。

　情報セキュリティ対策がサイバーセキュリティ対策も完全に内包しているとは限らないため、情報セキュリティ対策を実施している企業でも、別途「サイバーセキュリティ」という視点を持ち対策を講じる必要があるのです。

　もし、サイバーセキュリティ対策が不十分な場合、サイバー攻撃などを防ぎきれず、情報漏えいによる信用の失墜、システム停止での事業継続困難、これらに伴う経済的損失など、甚大な被害につながるおそれがあります。

サイバー攻撃の代表例

　サイバー攻撃には、次のようなものがあります。

【①不正アクセス】
　アクセスを認められていない者が、システムに侵入する行為です。

・ブルートフォース攻撃
　総当たり攻撃とも呼ばれ、さまざまなパスワードを1つずつ変えてログインを試みる手法です。たとえば、数字4桁の組み合わせの場合、0000 〜 9999 を順に試行します。

・辞書攻撃
　「password」「1234」といった、よく用いられるパスワードでログインを試みる手法です。対象を定めた攻撃の場合には、生年月日などの情報を使用することもあります。

・パスワードリスト攻撃
　別のサービスで漏えいしたパスワードリストを用いて、他サイトへのログインを試みる手法です。背景には、パスワードを使いまわすユーザーが多いという実態があります。

【②なりすまし】
　不正に入手するなどしたIDやパスワードを使用して、あたかも正規ユーザーのように振る舞い、システムや情報にアクセスする行為です。また、官公庁や金融機関、取引先や社内関係者を装ったメールやWebサイトなどを介して、情報を窃取したり、マルウェアをダウンロードさせたりする行為も指します。

・フィッシング

　ビジネス上の関係先に見せかけたメールや SMS を送付し、Web サイトに誘導して ID やパスワード、クレジットカード番号などを入力させて情報をだまし取ります。

・マルウェア

　コンピュータウイルスに代表される、悪意のあるプログラム全般を指します。感染するとコンピュータ上で保管する情報が流出する場合があります。また、データを破壊して使用不可能にするものもあります。

・ランサムウェア

　マルウェアの一種で、感染すると端末等に保存されているデータを暗号化して使用できない状態にした上で、そのデータを復号する対価（金銭や暗号資産）を要求します。現在、とりわけ深刻な脅威として世界中で認知されており、本書でも多くの紙面を割いて被害の現状や対策を解説しています。

【③サービス妨害】

　サービス妨害は DoS（Denial of Service）攻撃とも呼ばれ、大量の通信によってサーバをダウンさせ、Web サイトや Web サービスなどを停止に追い込みます。

・DDoS（Distributed Denial of Service）攻撃

　攻撃力を増した DoS 攻撃です。攻撃元のサーバを複数に分散させ、攻撃先を同時に攻撃することで、ネットワークやサーバに大きな負荷をかけてダウンさせます。

【④脆弱性を狙った攻撃】

　脆弱性およびその危険性について、総務省ではこう説明しています。「脆弱性とは、コンピュータの OS やソフトウェアにおいて、プログラ

ムの不具合や設計上のミスが原因となって発生したサイバーセキュリティ上の欠陥のことを言います。脆弱性は、セキュリティホールとも呼ばれます。脆弱性が残された状態でコンピュータを利用していると、不正アクセスに利用されたり、ウイルスに感染したりする危険性があります」

・SQL インジェクション攻撃

　Web アプリケーションの脆弱性を利用した攻撃手法です。想定しない SQL（データベースのデータを操作するための言語）を実行して、データベースのデータを不正取得したり改ざん・削除したりします。

・ゼロデイ（0-day）攻撃

　未発見の脆弱性を悪用する攻撃、あるいは脆弱性が発見されてから対策が講じられるまでの間にそれを集中的に狙う攻撃です。

代表的なサイバーセキュリティ対策

　以上のように多岐にわたるサイバー攻撃に対峙するための主な対策には、「ネットワーク上の通信の安全性確保」「ソフトウェアやシステムの脆弱性への対処」「情報資産の漏えい・改ざん防止」などがあります。
　また、実効性を高めるには、「技術的対策（バックアップ、データの暗号化、侵入防止ツール導入など）」、「人的対策（従業員のセキュリティ意識向上など）」、「物理的対策（IT 資産の防災性に優れた施設への設置、施錠管理の徹底、設置場所の入退室管理など）」という 3 つの観点で考えることが大切です。つまり、場当たり的な対策では不十分なのです。
　このことを理解した上で、まずは基本となる 3 つの対策（総務省『サイバーセキュリティ初心者のための三原則』）を徹底します。

・ソフトウェアの更新
・ID とパスワードの適切な管理

・ウイルス対策ソフト（ウイルス対策サービス）の導入

　また、継続的な取り組みとして、従業員をはじめ業務システムの利用者1人ひとりのセキュリティ意識を向上させることが重要です。マニュアルを整備するだけでなく、研修の実施、不審なWebサイトやメールへの注意喚起を行うなどします。

　そして、サイバーセキュリティ対策強化に向けては、第三者視点を取り入れることも欠かせません。客観的かつ多角的な視点から脆弱性が残されていないかを診断することは重要で、NECグループでも第三者機関に依頼して定期的に評価を実施し、改善を続けています（第2章2-2-2で詳説）。

セキュリティは経済・経営の差し迫った重大脅威

　サイバーセキュリティは、世界のさまざまな機関や専門家たちが重要課題として認識し、警鐘を鳴らしています。とりわけ経営層が注視しておきたいのは、経済・経営の観点からみた影響でしょう。

　世界経済フォーラム（ダボス会議）でも、このところ毎年セキュリティリスクが議題として取り上げられています。同フォーラムが発行する、あらゆるリスクを対象にした『グローバルリスクレポート』では、「サイバーセキュリティ対策の失敗が、世界にとって重大な短期的脅威である」と指摘しています。

　同レポートの2022年版では、その背景を「新型コロナウイルス感染拡大による先進諸国における急速なデジタル化が、新たなサイバー世界の脆弱性をもたらしている」と説明しています。また、サイバーセキュリティのリーダーシップ・コミュニティでは、85％のメンバーが「ランサムウェアの脅威が公共の安全に関する重大な懸念事項になっている」と述べています。

　ダボス会議が飢饉や気候変動といった大きな枠組みでのリスクを取り扱っているなかで、サイバーセキュリティの経済的なリスクを同列で挙

げているということは、すなわち世界経済を揺るがしかねないリスクとして、その危機感をあらわにしているということなのです。

セキュリティは目標達成の「サポート機能」である

　経営の観点でセキュリティ対策を理解するために、まず意識していただきたいのは、「セキュリティはサポート機能である」という前提です。

　ビジネスの大きな目的の一つは、利益を上げることです。そのためには他社との競争を勝ち抜く必要があるため、生産性や競争力を上げる手段としてIT化が進められてきました。ところが、目的達成のためにITを使っていたところに、「サイバー攻撃の激化」という外部環境の変化によって、セキュリティを考えなければならない状況が生じてきたわけです。

　このように整理すると、ビジネスにとって利益を上げることが目的であって、セキュリティ対策自体が目的でないことは明らかです。しかし、現状はセキュリティを考えることが目的化してしまっている様子が散見されます。経営層の目線で考えるべきことは「ビジネスの目的を達成するためのセキュリティ」です。セキュリティの目標は、ビジネスや組織の目標にひもづいているべきなのです。

　組織の目標達成をサポートするセキュリティの理想型は、自動車レースのブレーキに例えることができます。単なるブレーキマニアなら「このメーカーのディスクが……」というように、ブレーキそのものを関心の対象として捉えます。しかし、それは知識として意味はあっても「自動車を止める」というブレーキ本来の目的からは逸れています。セキュリティの世界においても、セキュリティマニアの人は「あの攻撃グループが……」といった話題で夢中になるものです。

　しかし、そこから一歩進んで、「ブレーキは車を止めるためにあるものだから、車を確実に止められる必要がある」と考えることができれば、ただのマニアからエンジニアの仕事へと変化します。「セキュリティを担保する」ということを考えられるセキュリティエンジニアです。

もう一段階成熟すると、「レースのブレーキは止まるためだけではなく、コーナーを最速で走り抜けるための減速に必要なものだから、コーナーを最速で走る抜けられるブレーキが必要だ」という考えに発展します。

　さらには、「コーナーを最速で走り抜けられなくても、1周を最速で走ることに価値がある。それなら最速ラップを出すためのブレーキをつくろう」と、レース全体を俯瞰（ふかん）して考えられるようになります。

　そして最終形は、1シーズンでチャンピオンシップ（＝組織の目標）で勝利するブレーキを考え、つくり出すことです。つまり、「勝つためのセキュリティ」を考えるのです。

　ただし、予算は限られています。たとえば、マシン全体の開発費が年間2,000億円だとして、「勝つためのブレーキを考えるので、1,500億円ください」と言われても、それではエンジンもボディもつくれず、そもそも勝つことができません。適切な配分を考えながらシーズンで勝てるブレーキを考えられなければなりません。

　企業経営におけるセキュリティ投資も同様で、経営層はセキュリティ対策の重要性を認識しつつ、適切にコントロールすることが求められます。セキュリティは組織の目標達成になくてはならない存在である一方、あくまでもサポートする役割であるという認識が必要です。セキュリティ対策を行うことが本来の目的ではないことをご理解いただけたでしょうか。

第 1 章

Cyber Security

サイバーセキュリティの現状

1-1

ビジネス環境の変化

ビジネスを取り巻く環境の変化 ～DX、COVID-19～

　スウェーデンのウメオ大学教授のエリック・ストルターマン氏が「DX（デジタルトランスフォーメーション）」という概念を2004年に提唱したのを受け、企業や団体がさまざまな形でデジタル変革に取り組んできました。特に2019年末からは新型コロナウイルス感染症（COVID-19）による社会変化が起こり、ビジネス環境も「リモートワーク」「非接触」といったキーワードの普及とともに大きく変わりました。

　こうした変化はITの動向にも影響を与え、日本ではクラウド利用率の上昇が顕著になりました（図表1−①）。

図表1−① **クラウド市場規模の推移**

（出所）MM総研「国内クラウドサービス需要動向調査」

クラウド利用の広がりに伴い、IT環境が複雑化

　たしかにクラウド利用は進みましたが、もちろんオンプレミス（サーバーやソフトウェアなどの情報システムを、使用者の社内に機器を設置して運用すること）で稼働するシステムもまだ少なくありませんし、今後も必要とされるでしょう。

　以前はオンプレミスだけで完結していた企業のITは、リモートワークの影響もあって、クラウドと融合したハイブリッド環境へと移行しています。セキュリティ対策も、オンプレミスにおける境界防御（安全な領域を定義し、その領域に入る入り口を守ることでセキュリティを確保する考え方。ビルで例えるなら入り口を厳重に守り、ビル内に入った後はどのフロア、どの部屋でも入れる状態）から、クラウドシステムに伴うゼロトラストモデル（暗黙の信頼を持たず、その都度、信頼を確認することでセキュリティを確保する考え方。ビルで例えるなら入り口だけでなく、フロアや部屋ごとに入退室の管理をする状態）へと移行しています（図表1-②）。

図表 1-②　オンプレ&境界防御から クラウドシフト&ゼロトラストへ

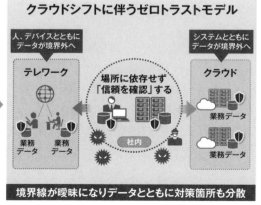

1-2

拡大するビジネスリスク

サイバー攻撃の実態

　近年、サイバー攻撃によって生じるセキュリティインシデントは増加傾向にあり、減少に転じる気配は一向にありません。このことは各種調査でも明確に示されています。

　たとえば、2022年に日本企業が受けたサイバー攻撃の1社当たり平均回数は970回／週に及んでおり、前年比29％増でした。また、ランサムウェアの被害総額は2.8兆円（2021年）で、2031年には2秒ごとにランサムウェアの被害に遭うだろうと予測されています。ビジネスメール詐欺（Business E-mail Compromise：BEC）については、2016年から2021年までの6年間で総額6兆円の被害が発生しているのです。

　なぜ、サイバー攻撃は増えているのでしょうか。以前から指摘されているセキュリティ対策の落ち度に対応し切れていない状況に加えて、前節で触れたように、環境が複雑化したことで、IT環境は脆弱性が増しています。そこをさまざまな動機を持つ攻撃者が突くわけです。

　代表的な攻撃者とその動機の組み合わせには、「国家背景（地政学）」「犯罪者（経済利得）」「ハクティビスト（政治的主張や実現を目的とするハッカーのこと。イデオロギー）」「テロリスト（バイオレンス）」「愉快犯（自己満足）」「内部犯行者（不満）」といったものがあります。

　では、どのような動機が主流となっているのでしょうか。米国インターネット犯罪苦情センター（IC3）への被害報告数を集計すると、大多数は経済利得を目的とする犯罪者による攻撃でした。

　さらに専門家たちがさまざまなデータを基に分析を進めた結果、国家

を背景とする攻撃者が圧倒的に多いことが指摘されています。国家と聞くと、諜報活動や敵対国家の重要インフラを狙う攻撃を想像しがちですが、実は大半が経済利得を目的とする活動です。サイバー攻撃によって獲得した金銭は、国家的な犯罪行為や軍事増強のために利用される恐れがあることからも、セキュリティ対策の強化が求められています。

「エコシステム」で産業化したサイバー攻撃

　クラウドサービスのような新たなビジネスモデルやエコシステムの登場によって企業のIT活用が容易になりましたが、サイバー犯罪の世界にも同様にトレンドがあります。2015年には「経済目的の犯罪者は組織化されて活動している」との報告もあり、ランサムウェアをサービスとして扱うビジネスモデルが定着していると見られています。

　自前で環境を構築しなくてもソフトウェアの機能を享受できるSaaS（Software as a Service）のように、RaaS（Ransomware as a Service）というランサムウェアによる攻撃をサービスとして提供・実行するビジネスモデルが生まれました。企業ネットワークへの侵入に必要な情報を売る闇市場、ランサムウェアの開発者、企業との身代金交渉者、資金浄化サービスなども存在しており、まさにエコシステム（生態系）が形成されています（図表1－③）。そのため、実際に攻撃を実行する犯罪者（ユーザー）は、高度な技術や専門性を持たなくても、攻撃をすることが可能になっています。

　RaaS事業者の経営層は当然、経営視点で損益分岐点を考えているでしょう。サービスを提供するためのIT投資を行い、それに見合うだけの儲けがあってビジネスが成り立っているわけです。視点を変えれば、それだけ被害に遭う企業が後を絶たないということを物語っています。

　攻撃側がITに投資しているのですから、その攻撃からシステムを守るためには、企業側にも適切な投資が必要なのです。

　また、このようなサイバー攻撃ビジネスはRaaS以外にも登場しています。フィッシングメールを送るためのPhaaS（Phishing as a Service）

図表 1-③ RaaS(Ransomware as a Service)のエコシステム

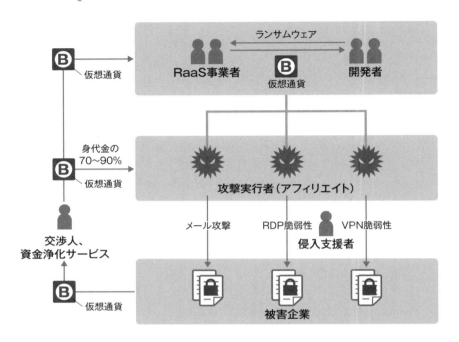

や集中的にアクセスしてサーバーの負荷を高めてダウンさせる DoS 攻撃（Denial of Service Attack）のサービスが、サブスクリプションモデルで提供されていることも確認されています。

国や業種に関係なく、誰もが被害者になる時代

「うちは日本企業だから」「製造業ではないから」「重要インフラを持っていないから」「規模が小さいから」「機密というほどの情報を持っていないから」……。

サイバー攻撃に対して、こんなふうに思っているとすれば、今すぐその感覚を捨ててください。

　報道では、特定の国や業界が狙われているような印象を抱くことがありますが、私たちが観測している範囲では、どんな国でもどんな業種でも狙われているのが現状です。

　有名なランサムウェアグループ「Lock Bit」は、攻撃に成功しても被害者が身代金の支払いに応じない場合、リークサイトに社名を公開しています。公開された社名のうち日米の企業について集計したところ、製造業、サービス業の順で多いことは間違いありませんが、そもそも産業の構成自体がその順で多いわけですから、それだけで「製造業だけが狙われている」と結びつけることはできません。

　「標的型攻撃」と呼ばれている特定企業や団体を狙った攻撃も続いていますが、今、猛威を振るうランサムウェアによる攻撃は金銭目的であり、RaaSを使って機械的に片っ端から攻撃しています。攻撃先がどのような企業なのかは関心事ではないのです。「満遍なく狙われている」と捉えて、緊張感を持って対応すべきでしょう。

　余談ですが、国家背景の攻撃者の場合には、RaaSの設定から特定の国を攻撃の対象外にすることはあるようです。

経営層のイニシアチブで、セキュリティ戦略の「サイロ化」を破る

　プライバシーや個人情報の保護も「セキュリティ」として扱われています。これらに関する問題が発生すると、制裁金を科せられたり、被害者へ補償金を支払ったり、あるいは民事訴訟で責任を問われたりすることがあり、企業イメージの失墜にもつながります。このため、これらを企業活動のリスクとして捉えて、セキュリティ対策を講じている経営者は少なくないでしょう。

　サイバー攻撃の被害に遭うと、犯罪者によってプライバシーや個人情報を暴露されるリスクが高まることは、古典的な「ハッカー」の目的が情報窃取であることから、広く認識されているのではないでしょうか。ただし、それはハッカーの能力に依存するため、対象も限られていました。

しかし、これまで述べてきたとおり、ランサムウェアは産業化することで攻撃実行のハードルが下がり、しかも攻撃対象を選びません。ランサムウェアを使った「二重脅迫型」の手口は、使用不可能にしたデータの回復と引き換えに身代金を要求するだけでなく、応じなければデータを流出させると脅します。すでに犯罪者の手元にデータが渡っているため、公には暴露されていないだけで、厳密にはすでに流出してしまっています。

　そして、身代金を支払ったとしても、食い止められる保証はありません。どんな企業も個人情報保護等の問題に直面するリスクが増えており、「今はまだ自社に順番が回ってきていないだけだ」と認識すべきなのです。サイバーセキュリティとリスクの距離が縮まる中で、個人情報保護とセキュリティを同じ机の上に並べて、企業活動における事業戦略の一部として対応しなければなりません。

　ところが、サイバーセキュリティは往々にして独立した存在として扱われます。多くの企業では、所管のIT部門が計画や予算を立てて対応に当たるのではないでしょうか。これでは戦略が「サイロ化」してしまい、広い視野で捉えた対策を講じるのに支障をきたします。

　序章で述べたように、サイバーセキュリティ対策はビジネスの目的にひもづかなければなりません。IT部門の予算配分を厚くするだけでは不十分であり、事業戦略からブレークダウンしてセキュリティ戦略を立て、経営企画や事業部門、リスク・コンプライアンス部門などとの連携も密に取り組みを進めなければ、効果は限定的になってしまいます。

　「セキュリティ戦略のサイロ化」を破るには、経営層のイニシアチブが不可欠なのです。

第2章
Cyber Security
経営層に求められる役割と戦略

2-1

経営層に求められる役割

『サイバーセキュリティ経営ガイドライン』から
読み解く経営者の責務

『サイバーセキュリティ経営ガイドライン』とは

　経営層がサイバーセキュリティに取り組む際の拠り所であり、必携書とも言えるのが、経済産業省と独立行政法人情報処理推進機構（IPA）が共同で策定している『サイバーセキュリティ経営ガイドライン』（以下、本章では『経営ガイドライン』と表記）です。

　この『経営ガイドライン』は、国内企業が経営者の主導の下で組織的なサイバーセキュリティ対策を実践するための指針であり、国内企業間でサイバーセキュリティ対策を行う際の共通言語となっています。大企業から中小企業まで規模を問わず（小規模事業者を除く）、経営者を対象に「経営者が認識すべき3原則」と「サイバーセキュリティ経営の重要10項目」の2つから構成されたドキュメントです。

　ガイドライン策定のベースとなっているのが、図表2−①にまとめた国内外の各種レファレンスやガイドなどです。

　コンセプトは「スチュワードシップ・コード（投資家と企業の対話ガイドライン）」や「コーポレートガバナンス・コード（企業統治指針）」などをベースにつくられ、企業としてあるべき姿を示しています。

　海外基準からも、「COSOフレームワーク（内部統制）」や「COBIT（IT統制の指針）」「NIST（米国国立標準技術研究所）『Cybersecurity Framework』」「ISMS（情報セキュリティマネジメントを行うための仕

組み）」として知られる ISO ／ IEC などからコンセプトを取り込み、それらとの対応も整理しました。

　国内ガイドでは、サイバーセキュリティ基本法に基づく国の基本計画「サイバーセキュリティ戦略」や「重要インフラのサイバーセキュリティに係る行動計画」「中小企業の情報セキュリティ対策ガイドライン」を参考にして、これらとの整合性を担保しています。

　また、本文とは別に実践時の支援手段も用意されており、付録「サイバーセキュリティ体制構築・人材確保の手引き」、自社のサイバーセキュリティ対策状況を定量的に把握する「サイバーセキュリティ経営可視化ツール」、実際にサイバーセキュリティ対策や人材育成、ガバナンスなどを実践するための「サイバーセキュリティ経営ガイドライン実践のた

図表 2-①　**サイバーセキュリティ経営ガイドラインの体系**

規範・コンセプト

スチュワードシップ・コード（投資家と企業の対話ガイドライン）

コーポレートガバナンス・コード（コーポレート・ガバナンス・システム／グループ・ガバナンス・システムに関する実務指針）

デジタルガバナンス・コード

参照

国内ガイド

サイバーセキュリティ戦略（国の基本計画）

重要インフラのサイバーセキュリティに係る行動計画（重要インフラ向け）

中小企業の情報セキュリティ対策ガイドライン（中小企業向け）

整合

サイバーセキュリティ経営ガイドライン

概念取込対応整理

海外基準

COSOフレームワーク

COBIT2019

NISTサイバーセキュリティフレームワーク

ISO/IEC27000シリーズ ISO38500

サイバーフィジカルセキュリティ対策フレームワーク

実践時の支援手段

付録Fサイバーセキュリティ体制構築・人材確保の手引き

サイバーセキュリティ経営可視化ツール

サイバーセキュリティ経営ガイドライン実践のためのプラクティス集

めのプラクティス集」があります。

ガイドラインの変遷から読み解く現状の問題点

　『経営ガイドライン』は2015年の初版から見直しを重ね、本書校了時点（2024年1月末）の最新版は2023年3月発行のVer3.0です。セキュリティの最新動向やガイドラインの活用を通して浮き彫りになった問題点などが反映されるわけですが、その差分から経営者が特に意識すべきポイントが見えてきます。

　Ver2.0（2017年11月発行）と約5年後に発行されたVer3.0を比較して、特に目に留まったものが次の3カ所で、より強い表現に改訂されています。

《①「投資」として対応を強化する重要性を、コストや損失の観点も加えてさらに強調》

Ver2.0：セキュリティ対策の実施を「コスト」と捉えるのではなく、将来の事業活動・成長に必要なものと位置づけて「投資」と捉えることが重要

Ver3.0：サイバーセキュリティ対策は「投資」（将来の事業活動・成長に必須な費用）と位置づけることが重要。企業活動におけるコストや損失を減らすために必要不可欠な投資

《②経営者の責務について、具体的な説明と提起》

Ver2.0：セキュリティ投資は必要不可欠かつ経営者としての責務

Ver3.0：サイバーセキュリティリスクを把握・評価した上で、対策の実施を通じてサイバーセキュリティに関する自社が許容可能とする水準まで低減することは、企業として果たすべき社会的責任であり、その実践は経営者としての責務

《③経営者の責任について、具体的に例示》

Ver2.0：経営責任や法的責任が問われる可能性がある

Ver3.0：善管注意義務違反や任務懈怠(けたい)に基づく損害賠償責任を問われ得るなどの会社法・民法等の規定する法的責任やステークホルダーへの説明責任を負う

経営者が認識すべき3原則

　ここからは『経営ガイドライン』の本文を解説していきます。

　「経営者が認識すべき3原則」の要約および改訂箇所のポイントは次のとおりです。

> **①経営者のリーダーシップ**
> 経営者は、サイバーセキュリティリスクが自社のリスクマネジメントにおける重要課題であることを認識し、自らのリーダーシップの下で対策を進めることが必要
> （改訂ポイント）サイバーセキュリティに関する残留リスクを許容水準まで低減することは、経営者としての責務

つまり、「指示だけ」「丸投げ」は許されません。

> **②サプライチェーンも対策**
> サイバーセキュリティ確保に関する責務を全うするには、自社のみならず、国内外の拠点、ビジネスパートナーや委託先等、サプライチェーン全体にわたるサイバーセキュリティ対策への目配りが必要
> （改訂ポイント）自社のみならず、サプライチェーンの国内外のビジネスパートナーやシステム管理等を含むあらゆる委託先等、サプライチェーンの一端を担う企業として全体を意識し、総合的なセキュリティ対策を徹底する

インシデント（事故などの危機が発生するおそれのある事態）は自社内の問題にとどまらず、サプライチェーン全体への加害者にもなり得るのです。

> **③積極的なコミュニケーション**
> 平時および緊急時のいずれにおいても、サイバーセキュリティ対策を実施するためには、関係者との積極的なコミュニケーションが必要
>
> （改訂ポイント）社内でのコミュニケーションも重要

平時から情報の収集や共有によって関係性を築き、不幸にもインシデントが発生した緊急時には協力を得られるようにしておくことが大切です。

サイバーセキュティ経営の重要10項

「経営者が認識すべき3原則」に紐づいた具体的なアクションが「サイバーセキュティ経営の重要10項目」であり、経営層はCISO（最高情報セキュリティ責任者）などへの指示を通じて組織に適した形で確実に実施させる必要があります。3原則と10項目の対応は、次のとおりです。

①経営者のリーダーシップ
（経営者がリーダーシップをとったセキュリティ対策の推進）

《1. サイバーセキュリティリスクの管理体制構築》
指示1：サイバーセキュリティリスクの認識、組織全体での対応方針の策定
指示2：サイバーセキュリティリスク管理体制の構築
指示3：サイバーセキュリティ対策のための資源（予算、人材等）確保

《2. サイバーセキュリティリスクの特定と対策の実装》

指示4：サイバーセキュリティリスクの把握とリスク対応に関する計画
　　　　の策定

指示5：サイバーセキュリティリスクに効果的に対応する仕組みの構築

指示6：PDCAサイクルによるサイバーセキュリティ対策の継続的改善

《3. インシデント発生に備えた体制構築》

指示7：インシデント発生時の緊急対応体制の整備

指示8：インシデントによる被害に備えた事業継続・復旧体制の整備

②サプライチェーンも対策

（サプライチェーンセキュリティ対策の推進）

指示9：ビジネスパートナーや委託先等を含めたサプライチェーン全体
　　　　の状況把握及び対策

③積極的なコミュニケーション

（ステークホルダーを含めた関係者とのコミュニケーションの推進）

指示10：サイバーセキュリティに関する情報の収集、共有及び開示の
　　　　　促進

　各指示の内容については実際にガイドラインをご確認いただくことに
して、ここでは改訂された部分に焦点を当てて、実施に当たって特に注
目すべきポイントを挙げます。

指示3：サイバーセキュリティ対策のための資源（予算、人材等）確保

セキュリティ業務に従事する従業員のみならず、すべての従業員が
自らの業務遂行に当たってセキュリティを意識し、必要かつ十分な
セキュリティ対策を実現できるスキル向上の取り組みが必要

セキュリティを意識すべき対象がすべての従業員であることが明記されました。また、「必要かつ十分」と表現されていますが、これは項目そのもので言及しているように、経営層が担当者に丸投げするのではなく、しかるべき予算や人材等の資源を確保しなければ成し得ないことです。

指示 8：インシデントによる被害に備えた事業継続・復旧体制の整備

事業継続の観点から、制御系も含めた業務の復旧プロセスと整合性のとれた復旧計画・体制の整備の必要性や、対象を IT 系・社内・インシデントに限定せず、サプライチェーンも含めた実践的な演習の実施

指示 3 は基本的に平時の運用に関する項目であるのに対して、指示 8 は有事に備えた事業継続に関する項目です。万が一のインシデント発生を念頭に、平時から復旧体制を整えるように求めています。また、Ver3.0 ではサプライチェーンも対象であることが強調されています。

たとえば、自動車産業では、部品メーカーの 1 社がサイバー攻撃を受けて生産を停止し、供給を受けていた自動車メーカーの組立ラインが操業を続けられなくなったことがありました。さらに、体制構築だけでなくインシデント発生時を想定した訓練（演習）の必要性にも言及しています。

指示 9：ビジネスパートナーや委託先等を含めたサプライチェーン全体の状況把握及び対策

自社へのリスク波及を防ぐ観点からサプライチェーン全体での対策が必要であること、委託先に一方的な対策を強いるのでなく、方策の実効性を高める

指示 9 ではサプライチェーンにフォーカスした対策が示されています。サプライチェーンのうち、下請けなど弱い立場の企業においては一

般的にはセキュリティへの十分な投資が困難な状況が想定されます。委託元企業は単に「対策を講じるように」と言うのではなく、相手の実効性にも配慮した対応が必要です。

指示10：サイバーセキュリティに関する情報の収集、共有及び開示の促進

有益な情報を得るためには適切な情報を提供することも必要であることを強調しつつ、被害の報告・公表への備えをすることやステークホルダーへの情報開示

サイバーセキュリティに関する情報を共有することが、インシデントを防ぐために非常に重要だという指摘です。残念ながら世の中では日々、インシデントが起き続けていますので、その情報を経営層もキャッチアップして社内に展開すべきです。

　一方で、自社でインシデントやその手前のヒヤリハットが起きた際には包み隠さず、正確な情報を支援団体や当局などと共有することで、他の企業が類似被害の対応で得た知見を活用して解決を図ることができます。自社の経験を伝えることは社会貢献にもつながります。代表的な機関に、一般社団法人JPCERTコーディネーションセンター（JPCERT/CC）と独立行政法人情報処理推進機構（IPA）があります。

　また、適切なタイミングで開示できなければ、法令等に抵触したり取引先・株主・顧客といったステークホルダーに不安感を与えたりする可能性があるので、対外的なステークホルダーへの報告も日頃から準備して対応できるようにしておきましょう。

　これら10項目にどれだけ対応できているかを把握するためには、IPAが公開する「サイバーセキュリティ経営可視化ツール」が有効です。これは「サイバーセキュリティ経営ガイドラインVer3.0」付録A-2に対応したツールで、40個の質問に答えることで、自社の状態をレーダーチャートで可視化することができます（図表2－②）。

図表 2-② サイバーセキュリティ経営可視化ツール

サイバーセキュリティ経営ガイドラインVer.3.0付録A-2チェックシートの項目	チェックリスト1	チェックリスト2	チェックリスト3	平均
指示1：サイバーセキュリティリスクの認識、組織全体での対応方針の策定	2	2	2	2
指示2：サイバーセキュリティリスク管理体制の構築	2	4.3	4.3	3.6
指示3：サイバーセキュリティ対策のための資源（予算、人材等）確保	2.4	2.2	2.2	2.3
指示4：サイバーセキュリティリスクの把握とリスク対応に関する計画の策定	4	3	4.3	3.8
指示5：サイバーセキュリティリスクに効果的に対応する仕組みの構築	3.1	3.2	2.7	3
指示6：PDCAサイクルによるサイバーセキュリティ対策の継続的改善	2	2	2	2
指示7：インシデント発生時の緊急対応体制の整備	3.6	3.6	3.6	3.6
指示8：インシデントによる被害に備えた事業継続・復旧体制の整備	1.5	1.5	1.5	1.5
指示9：ビジネスパートナーや委託先等を含めたサプライチェーン全体の状況把握及び対策	4	4	4	4
指示10：サイバーセキュリティに関する情報の収集、共有及び開示の促進	3.5	3.5	3.5	3.5

サイバーセキュリティ経営ガイドラインVer.3.0付録A-2チェックシート評価結果

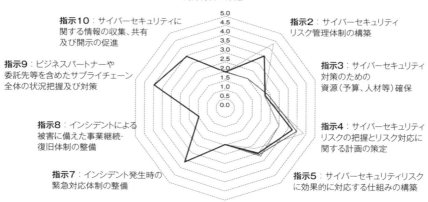

指示1：サイバーセキュリティリスクの認識、組織全体での対応方針の策定

指示2：サイバーセキュリティリスク管理体制の構築

指示3：サイバーセキュリティ対策のための資源（予算、人材等）確保

指示4：サイバーセキュリティリスクの把握とリスク対応に関する計画の策定

指示5：サイバーセキュリティリスクに効果的に対応する仕組みの構築

指示6：PDCAサイクルによるサイバーセキュリティ対策の継続的改善

指示7：インシデント発生時の緊急対応体制の整備

指示8：インシデントによる被害に備えた事業継続・復旧体制の整備

指示9：ビジネスパートナーや委託先等を含めたサプライチェーン全体の状況把握及び対策

指示10：サイバーセキュリティに関する情報の収集、共有及び開示の促進

―― チェックリスト1
―― チェックリスト2
―― チェックリスト3
―― 平均

セキュリティ向上のポイントは経営戦略とセキュリティ戦略の統合

　第1章でも述べましたが、セキュリティ戦略は経営と密接に関わってくる話です。セキュリティ戦略を単独で策定して実行しても効果は限定的になってしまいます。経営戦略と一体で考えることが大切で、それには経営層の視点やイニシアチブが欠かせません。

　ここまでガイドラインについて改定箇所を中心にご紹介しましたが、改訂前後で本質的な内容や実施内容に変わりはありません。経営層の当事者意識に改善の余地があると考えて、表現を強めた対応を行ったものと捉えられます。

　改めて訴えたいのは、セキュリティ対策は「投資」だということです。できれば削減したい「コスト」として扱う考え方が根強く残っていますが、これからは事業を拡大するために必要不可欠な「投資」だと考えるように、パラダイムシフトが求められているのです。

2-1-2　重要インフラ事業者におけるサイバーセキュリティと経営層の責任

『重要インフラのサイバーセキュリティに係る行動計画』とは

　重要インフラを担う企業については経営層が自ら理解しておくべきドキュメントがもう1つあります。内閣に設置されているサイバーセキュリティ戦略本部が2022年6月に策定した『重要インフラのサイバーセキュリティに係る行動計画』（以下、本章では『行動計画』と表記）で、次の14分野を指定して行動計画を示しています。

〈対象 14 分野〉
情報通信／金融／航空／空港／鉄道／電力／ガス／政府・行政サービス

（地方公共団体を含む）／医療／水道／物流／化学／クレジット／石油

　この『行動計画』の目的は大きく分けて2つあります。

> ### 目的①　任務保証＊の考え方を踏まえ、重要インフラサービスの安全かつ持続的な提供を実現

　サービス維持のためのサイバー攻撃などをリスクと捉え、それを許容範囲に抑えるための取り組みを着実に行うように求めています。

＊任務保証……組織が自ら遂行すべき業務やサービスを「任務」と捉え、係る「任務」を着実に遂行するために必要となる能力及び資産を確保すること。サイバーセキュリティに関する取り組みそのものを目的化するのではなく、各々の組織の経営層・幹部が「任務」に該当する業務やサービスを見定めて、その安全かつ持続的な提供に関する責任を全うするという考え方。

> ### 目的②　官民が一体となって重要インフラのサイバーセキュリティの確保に向けた取り組みを推進

　従来サイバーセキュリティは企業の自責で確保するものであり、「民は民、官は官」「民間の事業は自助で」という考え方が前提でしたが、昨今は犯罪者が国家背景であることなども踏まえ、重要インフラに関しては国が踏み込んで対処するようになりました。

　『行動計画』の骨格を成すのは次の5つの取り組みで、特に①④⑤には経営層のリーダーシップが求められます。

> ### ①障害対応体制の強化
> 経営層、CISO、戦略マネジメント層、システム担当など、組織全体での取り組みとなるよう、組織統治の一部としてサイバーセキュ

リティを組み入れるための取り組みを推進。組織の壁を越えたサプライチェーン全体でセキュリティを向上するための方策。

　経営層や CISO はもちろん、組織全体でサイバーセキュリティに取り組むことを求め、それにはサプライチェーンも含まれることに言及しています。

②安全基準等の整備及び浸透
重要インフラ防護において安全基準などの継続的な改善とその浸透。

　「浸透」を求めていますが、それには安全基準等の内容を必要な従業員などに伝えるだけでは不十分で、さらに踏み込んだ活動にも取り組まなければなりません。

③情報共有体制の強化
官民・分野横断的な情報共有体制の強化。具体的には、セプター（CEPTOAR*）という重要インフラ事業者等の情報共有・分析機能を担う組織の活動。

*Capability for Engineering of Protection, Technical Operation, Analysis and Response.

　業界団体ごとにセプターのような組織活動が行われるようになってきました。その中で平時から情報を共有したり、相談できる関係性を築いたりすることで、サイバー攻撃などのインシデント発生時に対応を進めやすくなります。

④リスクマネジメントの活用
環境変化におけるリスクを的確に把握。さらに自組織に適した防護

　特に昨今は企業を取り巻く環境の変化が激しいため、変化を踏まえて自社のリスクを把握し、その上で対策を講ずることが大切です。変化を察知するためにも PDCA サイクルを回さなければなりません。

> **⑤防護基盤の強化**
> 障害対応体制に対してその有効性の検証を行う必要があり、重要インフラ事業者等は、検証目的に応じて、日々の運用、障害対応、診断、テスト、内部・外部監査、演習・訓練等を通じた課題抽出及び改善の取り組み。具体的には、分野横断的演習を実施、人材育成 (経営層などと緊密な連携を行える戦略マネジメント層の育成を推進)、セキュリティ・バイ・デザインの推進、国際連携など。

　具体的なリスクを洗い出した後に「実際に何をしていくのか」を示しています。こちらも改善活動を含めて PDCA サイクルをきちんと回して実施すべきことです。

　戦略マネジメント層の人材育成についても言及しており、特に経営層のリーダーシップが求められる事項です。実際に手を動かすオペレーションの担い手だけでなく、専門家や現場の言葉を経営者に翻訳して意思疎通できる人材の育成は、インシデント発生時に経営層から末端のシステム担当者までが有機的に活動するために必要です。

　「セキュリティ・バイ・デザイン」とは、設計時から組み込む（考慮する）ことで、セキュリティ機能の「後づけ」で発生するリスクや不要なコストを抑える考え方です。

経営層・CISOをはじめとする重要インフラ防護体制の役割責任

　もし、経営層の関与が「名ばかり」で重要インフラ防護体制が形骸化していた場合などにおいて会社に損害が生じた場合には、経営層が損害

　賠償責任を問われる可能性があります。また、運用が不適切な状態にあることを知りながら対策を講じていなかった場合の事故についても、経営者の損害賠償責任が問われます。

　サイバーセキュリティ体制の適切性を担保するための方策には、内部監査、情報セキュリティ監査、システム監査等の各種監査、内部通報、情報開示、CSIRT（Computer Security Incident Response Team: セキュリティインシデントが発生した際に、対応を行うチーム）の設置などがあります。

《サイバーセキュリティと取締役等の責任》

　サイバーセキュリティ体制が当該組織の規模や業務内容に鑑みて適切でなかったため、組織が保有する情報が漏えい、改ざんまたは滅失（消失）もしくは毀損（破壊）されたことにより会社に損害が生じた場合、体制の決定に関与した経営層は、組織に対して、任務懈怠に基づく損害賠償責任を問われ得る。また、決定されたサイバーセキュリティ体制自体は適切なものであったとしても、その体制が実際には定められたとおりに運用されておらず、経営層（監査役）がそれを知り、または注意すれば知ることができたにもかかわらず、長期間放置しているような場合も同様である。

　個人情報の漏えい等によって第三者が損害を被ったような場合、経営層・監査役に任務懈怠につき悪意・重過失があるときは、第三者に対しても損害賠償責任を負う。

2-1-3　経営層に求められる役割（総説）

　『サイバーセキュリティ経営ガイドライン』は、企業規模にかかわらず、全経営層を対象にしているのに対し、『重要インフラのサイバーセキュリティに係る行動計画』の対象は、自ずと大企業が中心になります。

　しかし、これらを読み比べると本質的な差異はなく、表現の違いはあ

るものの、「経営者責任」「サプライチェーン」「コミュニケーション」の重要性を説いています。つまり、サイバーセキュリティ対策に求められる水準は、中小企業と大企業とで差がなくなってきているものと解釈できるのです。

　また、『サイバーセキュリティ経営ガイドライン』の改訂箇所を見比べると、以前は努力目標だと思わせる表現にとどまっていたのが、より強い表現へ変わっています。国の危機感が高まっていることが推察できます。

　2つのドキュメントに通底するのは、経営層の法的責任に言及している点です。これらを基に、経営層が自らサイバーセキュリティ対策について見直すべきでしょう。

　なお、経営層の責任範囲や表現は両ドキュメントで同期を取っているように見えますので、重要インフラ事業者が双方の差異に混乱することはないはずです。

2-2

役割を果たすための戦略

2-2-1　NIST『Cybersecurity Framework』

NIST『Cybersecurity Framework』とは

　本章の前節 2-1 では、経営層に求められる役割について『サイバーセ
キュリティ経営ガイドライン』および『重要インフラのサイバーセキュ
リティに係る行動計画』をベースに解説しました。それを踏まえて、本
節では役割を果たすための戦略策定において参考となるガイドライン／
フレームワークを紹介し、戦略策定のポイントを解説します。

　ここで取り上げるのは、NIST『Cybersecurity Framework』（以
下、CSF と表記）です。米国国立標準技術研究所（NIST：National
Institute of Standards and Technology）が策定したサイバーセキュリ
ティのフレームワーク（文書名は『重要インフラのサイバーセキュリティ
を改善するためのフレームワーク』）で、組織がサイバーセキュリティ
リスクを評価・管理するための考え方を、「フレームワークコア（①コア）」
「インプリメンテーションティア（②ティア）」「フレームワークプロファ
イル（③プロファイル）」という 3 つの要素で示しています。

　ただし、CSF を読んだだけで実行に移そうとしても、理解しづらい
部分もあって困難です。そこで、デジタル庁『政府情報システムにおけ
るサイバーセキュリティフレームワーク導入に関する技術レポート』と、
JCIC（一般社団法人日本サイバーセキュリティ・イノベーション委員会）
が取りまとめた人材や投資額の目安に言及しているレポート『社内のセ

キュリティリソースは「0.5％以上」を確保せよ』の内容を交えて解説していきます。

NIST CSFの要素①　コア

　コアには次の５つの機能があり、業種業態や企業規模に依存しない共通のサイバーセキュリティ対策を定義しています。さらに機能を細分化してグループ化した「カテゴリ」と、カテゴリをさらに技術的観点および管理的観点で細分化した108のサブカテゴリ、参考情報で構成されており、まさにフレームワーク（型）として活用できるようになっています（図表２-③）。

①識別（Identify）
組織の資産（情報システム、人、データ・情報など）、組織を取り巻く環境、重要な機能を支えるリソース、関連するサイバーセキュリティリスクを特定し理解を深める。

②防御（Protect）
重要サービスの提供が確実に行われるよう適切な保護対策を検討し実施する。

③検知（Detect）
サイバーセキュリティイベントの発生を検知するための適切な対策を検討し実施する。

④対応（Respond）
サイバーセキュリティインシデントに対処するための適切な対策を検討し実施する。

図表 2-③ コアのカテゴリ

機能	カテゴリ
識別（ID）	資産管理（ID、AM）
	ビジネス環境（ID、BE）
	ガバナンス（ID、GV）
	リスクアセスメント（ID、RA）
	リスクマネジメント戦略（ID、RM）
	サプライチェーンリスクマネジメント（ID、SC）
防御（PR）	アイデンティティ管理、認証／アクセス制御（PR、AC）
	意識向上およびトレーニング（PR、AT）
	データセキュリティ（PR、DS）
	保守（PR、MA）
	保護技術（PR、PT）
検知（DE）	異常とイベント（DE、AE）
	セキュリティの継続的なモニタリング（DE、CM）
	検知プロセス（DE、DP）
対応（RS）	対応計画（RS、RP）
	コミュニケーション（RS、CO）
	分析（RS、AN）
	低減（RS、MI）
	改善（RS、IM）
復旧（RC）	復旧計画（RC、RP）
	改善（RC、IM）
	コミュニケーション（RC、CO）

カテゴリ	サブカテゴリ
資産管理（ID.AM）：自組織が事業目的を達成することを可能にするデータ、人員、デバイス、施設が識別され、組織の目的と自組織のリスク戦略における相対的な重要性に応じて管理されている。	ID.AM-1：自組織内の物理デバイスとシステムが目録作成されている。
	ID.AM-2：自組織内のソフトウェアプラットフォームとアプリケーションが目録作成されている。
	ID.AM-3：自組織内の通信とデータフロー図が作成されている。
	ID.AM-4：外部情報システムがカタログ作成されている。
	ID.AM-5：リソース（例：ハードウェア、デバイス、データ、時間、人員、ソフトウェア）が、それらの分類、重要度、ビジネス上の価値に基づいて優先順位づけられている。
	ID.AM-6：全労働力と利害関係にある第三者（例：サプライヤー、顧客、パートナー）に対してのサイバーセキュリティ上の役割と責任が定められている。

（出所）デジタル庁『政府情報システムにおけるサイバーセキュリティフレームワーク導入に関する技術レポート』

⑤復旧（Recover）

サイバーセキュリティインシデントにより影響を受けた機能を元の状態へ戻して、業務を正常化させる

　NIST CSF では、まずサイバーセキュリティのリスク対象である守るべき資産を洗い出し（＝識別）、その上でそれら資産を保護するための対策を実施します（＝防御）。こうして防御体制を講じた資産について、何らかのイベントが発生した際にいち早く適切な処置を行うためには、異常を知り得るための仕掛け（＝検知）が必要です。検知を受けてアクションを起こす（＝対応）のはもちろん、対応後には影響を受けた機能を元の状態に戻して（＝復旧）、業務を正常化させます。

　これら5つの機能をすべて満点の状態にするのは難しく、絶対的な条件でもありません。どの水準が必要なのかを、各社がリスク分析を行って見定めた上で実施するようにします。

NIST CSFの要素②　ティア

　ティアは、組織におけるサイバーセキュリティリスクへの対応状況を評価する際の指標を定義したもので、ティア1からティア4までの4段階があります。これは組織におけるサイバーセキュリティリスクへの対応状況がどの程度厳密で高度であるかを表すものであり、サイバーセキュリティ対策やサイバーセキュリティのリスク管理および対処が、どの程度導入されているかの判断を行うことにも活用できる指標です（図表2－④）。

　ティア1は最低レベルで、セキュリティ対策は場当たり的に実施されているなどの理由から部分的なアプローチです。一方で最高レベルのティア4では、世の中の変化や過去の教訓も踏まえて、継続的にプロセスを回していける状態です。自社の状況をこの4段階に照らしてセキュリティ対策の水準を把握しておくと、コアのカテゴリ／サブカテゴリと自社の対策を結びつけやすくなります。

図表 2-④ ｜ ティア

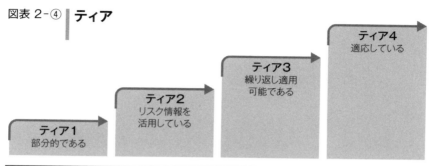

ティア	説明
ティア1：部分的である 　　　　（Partial）	セキュリティ対策は経験に基づいて実施される。セキュリティ対策は組織として整備されておらず、場当たり的に実施されている。
ティア2：リスク情報を 　　　　活用している 　　　　（Risk Informed）	セキュリティ対策はセキュリティリスクを考慮して実施されているが、組織として方針や標準が定められてはいない、あるいは非公式に存在する。
ティア3：繰り返し適用可能 　　　　である 　　　　（Repeatable）	セキュリティ対策は組織の方針・標準として定義、周知されており、脅威や技術の変化に伴い、方針・標準は定期的に更新される。
ティア4：適応している 　　　　（Adoptive）	組織で標準化されたセキュリティ対策は、脅威や技術の変化、組織における過去の教訓やセキュリティ対策に関するメトリックスなどを参考に、継続的かつタイムリーに調整される。

（出所）デジタル庁『政府情報システムにおけるサイバーセキュリティフレームワーク導入に関する技術レポート』

NIST CSFの要素③　プロファイル

　プロファイルは、機能・カテゴリ・サブカテゴリについて組織ごとに考慮すべき点を踏まえて調整し、整理したものです。組織はプロファイルを用いることで、具体的なサイバーセキュリティ対策の「現在の姿」と「あるべき姿」を明らかにすることが可能です。これらを比較すれば、組織のサイバーセキュリティマネジメント上の目標を達成するために埋めなければならないギャップが浮かび上がってきます。

　全項目に対応するのは現実的でないかもしれませんし、必ずしも全企

図表 2-⑤ | プロファイル

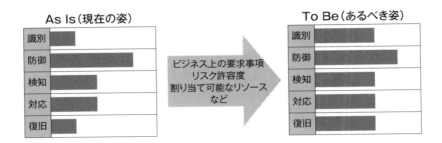

(出所) デジタル庁:政府情報システムにおけるサイバーセキュリティフレームワーク導入に関する技術レポート

業にフィットするものでもありません。自社にフィットするものを抽出してそれぞれの現状を把握し、目指さなければならない姿を定め、プロファイルにまとめて改善を進めます。

　図表2-⑤の棒グラフはプロファイルを視覚的に表現したもので、右側へ進むほどティアの段階が高くなっていくイメージです。現在の姿とあるべき姿のギャップを明らかにし、埋めていく過程では経営者がリーダーシップを発揮しなければなりません。

組織のサイバーセキュリティ戦略の策定手順とポイント

　フレームワークを活用して自社のサイバーセキュリティ戦略を進める際の大まかな手順は5段階に分類できます。

〈ステップ1〉 セキュリティポリシー策定と体制構築

　NIST CSFや『サイバーセキュリティ経営ガイドライン』など、自社に適したセキュリティフレームワークを参考にしながらセキュリティポリシー策定と体制構築を実施します。

　情報セキュリティ部門やサイバーセキュリティに関する委員会の設置も有効ですが、そうした体制構築には、経営層が積極的に関与することが必要です。

　体制の維持に欠かせないセキュリティ人材は、総従業員数の0.5％以上を専任で確保すべきだとJCICのレポートは提言しています。私たちNECの経験からも納得できる数字ですが、急に確保できるわけではありませんので、最終的に目指す目安として設定し、徐々に充足させていきましょう。また、短期的な対応手段として、アウトソースの利用も視野に入れます。

〈ステップ2〉リスクアセスメント実施

　自社における情報資産を洗い出し、それぞれのリスクを定量的、定性的に評価します。その対象には、サプライチェーンも含みます。

　リスクの定量化は、特にセキュリティ投資予算を確保する上でも重要な作業です。

　その予算額についてJCICのレポートは、連結売上高の0.5％以上を目安にするべきだと提言しています（図表2-⑥）。

図表2-⑥ | **(参考)セキュリティ投資額は、連結売上高の「0.5％以上」を投資すべき**

連結売上高	セキュリティ投資額の目安 （連結売上高の0.5％）
1兆円〜	50億円〜
5,000億円	25億円
1,000億円	5億円
500億円	2.5億円
100億円	5,000万円
50億円	2,500万円
10億円	500万円

区分	主なセキュリティ投資項目
人件費	専任のセキュリティ人員の人件費
教育費	セキュリティ研修費用
システム費	セキュリティシステム購入・保守費用
	セキュリティサービス利用費用
	コンサルティング費用
	アウトソース費用
アウトソース費	派遣社員の人件費
	コンサルティング費用
	業務委託・アウトソース費用
評価・監査費	認証制度の新規取得・更新費用
	外部監査費用

（出所）JCIC：Security-Resources-REPORT.pdf(i-cic.com)

〈ステップ3〉 セキュリティ施策の策定と優先順位づけ

　NIST CSF を活用する場合には、5つのコア機能（識別、防御、検知、対応、復旧）ごとに評価を実施し、各機能における自社の現状とあるべき姿のギャップを把握します。

　セキュリティ施策を挙げていく作業では、技術的な施策に偏りがちになるため、組織的・人的な施策（人材育成など）も漏れのないように留意してください。人材は一朝一夕では育てられるものではありません。中長期で育成していかなければいけないので、まずは施策をしっかりと立案して、着実に実施していくことが重要です。

　評価を終えると、その結果を基に実行可能なセキュリティ施策を策定し、優先順位をつけます。このとき責任者を明確にしてセキュリティKPI（Key Performance Indicator　重要業績評価指標）を設定することを、JCIC のレポートでは推奨しています。

　さまざまなギャップが浮かび上がりタスクも膨大になりますが、リソースと時間の制約があるため、優先順位をつけてステップ・バイ・ステップで実行していきましょう（図表2－⑦）。

〈ステップ4〉 実行と運用

　策定したセキュリティ施策を実行していきます。併せて従業員や関係者のセキュリティ意識を向上させることも重要です。適切なトレーニングや教育プログラムの提供、セキュリティに関する最新のリスクやベストプラクティスの情報収集と共有を実施しますが、それには経営層の支援が欠かせません。

　これまで NEC が実践してきた経験を基に、ステップ3と同様に「人材」を強調しました。セキュリティ対策ではリソースをそろえることが大切ですが、人材は多額の予算を割いたとしてもすぐには手に入りません。人材の獲得・育成こそがセキュリティ対策のポイントです。

　実行においては、一人ひとりのセキュリティ意識の向上が要になります。たとえば、不審なメールのリンクを不用意にクリックしないで、セキュリティ担当者に報告して周知につなげられるかが問われます。最近

図表 2-⑦ ｜ **セキュリティKPIによるモニタリング**

組織の成熟度に応じた
セキュリティKPIの例

最適化段階
持続的成長の仕組みづくり

改善段階
あるべき姿に向けた見直し

初期段階
体制や仕組みの整備段階

	• 自社ベンチマーク評価 • アセスメント結果 • 外部委託先監督進捗率	• 迅速にインシデント情報を入手するための業界内体制構築 • 業界ガイドラインの策定	**業界内の情報共有・連携**
		• 子会社や海外現地法人のアセスメント結果 • M&A、提携先の評価回数	**評価アセスメント**
• 事故対応手順の策定 • 情報資産棚卸し進捗率	• 部門人員数・有資格者数 • 事故対応手順の全社展開進捗率 • 標準システムポリシー準拠率	• インシデント発見から封じ込め完了までの平均時間・工数 • 脆弱性対応の平均時間・工数	**組織プロセス**
• セキュリティ教育受講率 • メール訓練回数	• メール訓練報告率、再教育受講率 • サイバー演習実施回数	• 経営層向けサイバー演習実施回数	**教育トレーニング**
• 法規制やガイドラインの準拠率 • 監督官庁の指摘事項対応完了率	• 個人情報の匿名化進捗率 • 個人情報の非保持化進捗率	—	**法令遵守**

『社内のセキュリティリソースは「0.5%以上」を確保せよ～DX with Securityを実現するためのサイバーリスク数値化モデル～』
（2022年1月 一般社団法人日本サイバーセキュリティ・イノベーション委員会）を基に作成

はメールの文面が自然な日本語で偽装が巧妙化しているため、以前のように明らかに不審だと気づくことは困難です。「セキュリティアウェアネス（アウェアネス：意識、気づき）」という言葉が使われますが、システム利用中に発生した問題に気づけるようになるトレーニングや教育プログラムを用意することが大切なのです。

〈ステップ5〉 監査と継続的改善

　セキュリティ施策の実行・運用状況について、定期的にマネジメントレビューなどを実施します。このとき、施策の達成状況は経営者も把握してください。前節で言及したように、体制をつくっても適切に運用できていなければ、セキュリティ事故の発生時に経営層が責任を問われま

す。客観的な視点で対策の不十分な箇所を発見し改善につなげるには、第三者機関の評価の活用も有効です。第三者評価のレポートは、平時と緊急時の双方でステークホルダーへの説明責任を果たすための材料にもなります。

『サイバーセキュリティ経営ガイドライン』の実践を助けるプラクティス集

　『サイバーセキュリティ経営ガイドライン』に関しては、発行元の独立行政法人情報処理推進機構（IPA）が「重要10項目」を実践する際に参考となる考え方や実施手順等について、国内での実践事例を基にした『サイバーセキュリティ経営ガイドライン Ver3.0 実践のためのプラクティス集』を公開しています。経営者や CISO、セキュリティ担当者等を主な読者と想定し、対策実践者の"よくある"「悩み」とそれに対する「取り組み」を解説しています。

　実際によくあるギャップにどのように対処するのかがリアリティのある例でわかりやすく書かれており、具体的な対策を講ずるための参考になります。

　経営層よりも実務者向けのガイドラインという印象ですが、第1章に関してはガイドライン全体を圧縮して平易な言葉に改めたような構成なので、経営層が全体像をつかむのに役立てられるでしょう。

2-2-2 NEC におけるサイバーセキュリティ戦略策定の実践例

NECグループのセキュリティポリシーと管理体制

　ここからは製造業やサービス業など複数の顔を持ち、重要インフラ事業者でもある私たち NEC グループが実際にどのようなサイバーセキュリティ戦略を策定しているのかをご紹介します。本書で繰り返し述べて

いるように、サイバーセキュリティで求められる水準や対策は、事業規模や業種に関係なく通底するものですので、ぜひ参考にしてください。

　まずはセキュリティポリシー（方針）を策定します。「NEC グループ経営ポリシー」という大きな枠組みがあり、そのなかに「情報セキュリティ基本方針」「情報セキュリティ基本規程」「内部監査規程」があります。また、「情報セキュリティ基本規程」をさらにブレイクダウンした「リスク管理に関する規程」「物理的セキュリティ規程」「IT セキュリティ規程」「人的セキュリティ規程」「お取引先等セキュリティ規程」が存在します。

　また、情報セキュリティとは別に、「NEC グループ経営ポリシー方針」の傘下に個人情報保護に関する各種方式や規程（「個人情報保護方針」「個人情報保護ガイドライン」など）と、企業秘密の管理に関する規定（「企業秘密管理規定」など）を策定しています。

　NEC グループのセキュリティ管理体制は、図表２−⑧のとおりです。CISO が情報セキュリティ戦略会議議長を務め、配下の情報セキュリティ戦略会議がグループ戦略や方針の承認等を行い、その決定に従って各統括部門がセキュリティ対策を実施します。

　主要な方針・規定と社内体制をマッピングしたのが、図表２−⑨です。

　昨今のサイバー攻撃の増加や社会情勢の変化を受けて、2022 年 10 月に「サイバーセキュリティ管理規程」を策定し、ガイドラインから規定に格上げしました。お客様に安心・安全な製品、システムおよびサービスをご提供するために、セキュリティを考慮した提案・実装プロセスを徹底する仕組みを構築することを規定しています。本規定に違反した場合には、懲戒処分となる場合があることも明記するなど、厳格な規程となっています。

　NEC グループでは国際規格などを踏まえた網羅的かつ包括的な対策を実施しており、その全体像を表現したものが図表２−⑩です。基本方針・規程・体制を頂点に、実際の施策へと落とし込んでいます。

　社内 IT 対策ではゼロトラストの考え方を取り入れ、サプライチェー

図表 2-⑧ NECグループのセキュリティ管理体制

CISO配下にセキュリティ管理体制を構築。
NEC・NECグループ各社（国内・海外）に情報セキュリティ管理責任者を配置、
ガバナンスを強化

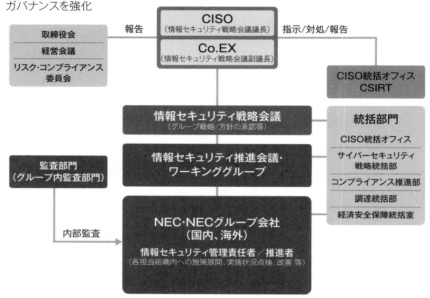

ン対策では関係のある約2,000社の点検・改善を実施しています。また、システムやサービスの提供が事業の大きな柱です。提供したシステムやサービスをお客様にセキュアな状態で利用し続けていただけるように、設計段階からセキュリティを考慮し（セキュリティ・バイ・デザイン）、担保するための体制・プロセスを構築しています。

　そして、このピラミッドを根底で支えるのが人材です。人材とその育成については、第3章で詳しく紹介します。

NECグループで実施する第三者評価

　NEC グループでは NIST CSF に照らしてサイバー防衛能力を評価す

図表 2-⑨ ┃ **サイバーセキュリティに関する全社方針・規程・体制**

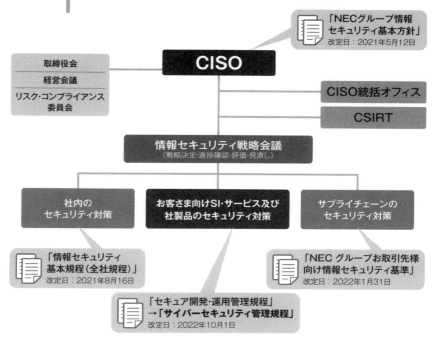

図表 2-⑩ ┃ **NECグループのセキュリティ全体像**

〜 国際規格などを踏まえた網羅的かつ包括的な対策を実施 〜

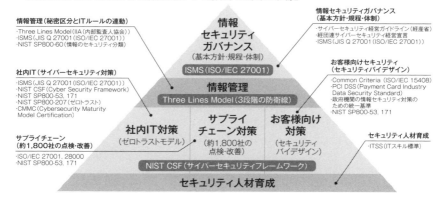

る活動を行っており、第三者に評価を依頼して、毎年の経年変化を確認して改善を繰り返してきました。「戦略」「組織」「人材」「プロセス」「テクノロジー」の観点で24項目をそれぞれ5点満点で評価し、レーダーチャートでスコアを比較して、優先順位をつけて対策を講じています。

　第三者評価の結果は、経営層が現状を把握し改善を主導するのに役立ちますし、株主などステークホルダーに対して説明責任を果たす際には説得力のある資料として利用できます。

　なお、NECでは毎年、『情報セキュリティ報告書』を刊行し、PDFをダウンロードできるようにしており（https://jpn.nec.com/sustainability/ja/security/index.html）、その中では第三者評価の実施状況も報告しています。平時におけるステークホルダーとのコミュニケーションの例として、参考にしてください。

2-3

リスクをコントロールする

2-3-1 ┃ リスクの特定方法

リスクへの対応方法

　サイバーセキュリティ戦略を策定し体制も整えた後、経営層に求められるのは、リスクコントロールに関する判断です。

　リスクマネジメントは経営において必須とも言えるスキルであり、よく知られていますが、改めてリスク対応の考え方を振り返っておきます。

　リスクに対処する方法には、「リスク回避」「リスク低減」「リスク移転」「リスク保有」の4つがあります（図表2－⑪）。基本的な考え方は一般的な手法と同じですが、『サイバーセキュリティ経営ガイドラインVer3.0』ではサイバーセキュリティの例も交えて次のように説明しています。

①リスク回避

　「リスク回避」とは、脅威発生の要因を停止あるいはまったく別の方法に変更することにより、リスクが発生する可能性を取り去ることである。たとえば、「インターネットからの不正侵入」という脅威に対し外部との接続を断ち、Web上での公開を停止してしまうような場合などが該当する。

②リスク低減

「リスク低減」とは、脆弱性に対してセキュリティ対策を講じることにより、脅威発生の可能性を下げることである。「ノートパソコンの紛失」「盗難、情報漏えいなどに備えて保存する情報を暗号化しておく」「サーバー室に不正侵入できないようにバイオメトリック認証技術を利用した入退室管理を行う」「従業員に対するセキュリティ教育を実施すること」などが該当する。

③リスク移転

「リスク移転」とは、リスクを他社などに移すことである。たとえば、リスクが顕在化したときに備え保険で損失をカバーすることや、組織内のITシステムの運用を他社に委託し、契約などにより不正侵入やマルウェア感染の被害に対して損害賠償などの形で移転すること等が該当する。

④リスク保有

「リスク保有」とは、ある特定のリスクにより、起こり得る損失の負担を受容することである。

　たとえば、リスクが見つかった際に、そのリスクが顕在化すると非常に影響度が大きく頻度も多い場合には「①リスク回避」を検討します。また、非常に影響度は大きいものの頻度は少ない場合には「③リスク移転」を検討します。

　一方で、リスクであるものの受け入れられる水準である場合には「④リスク保有」も選択肢になります。影響度を小さくしてリスクを保有できる水準まで下げるのが「②リスク低減」です。たとえば、ネットワークを分割して侵入時の影響範囲を小さくしたり、メールの誤送信を防ぐためのチェックツールを導入したりするのも、リスク低減の取り組みです。

　ただし、わかっていてもなかなかできないのがリスク保有（リスク受

図表 2-⑪　**リスクへの対応**

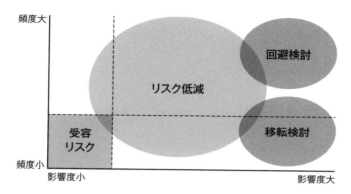

（出所）IPAリスクへの対応 https://www.ipa.go.jp/securithi/manager/protect/pdca/risk.html を基に作成

容）です。リスク受容の考え方は理解していて、会議の場でも「残存リスクがあるけれど、受容しましょう。ゼロリスクはあり得ません」と述べていても、実際の施策に落とす際はゼロリスクを求めてしまいがちです。他のビジネスリスクでは受容できていても、セキュリティだとゼロリスクを求めてしまうのです。このことに苦労している企業が少なくありませんので、特に注意して対応を進める必要があります。

リスクの特定方法

リスクを特定するには、大きく4つの視点があります。

①資産からの視点
資産を棚卸しした上で（インベントリの作成）、資産の重要度を分類してリスクを特定します。

②脅威からの視点
脅威分析モデルからリスクを特定します。よく知られる手法に、マイ

クロソフトが開発した STRIDE があります。

③脆弱性からの視点

　自社システムやビジネスプロセスに対してリスクアセスメント（脆弱性診断など）を実施してリスクを特定します。

④インシデントからの視点

　流行しているインシデントからリスクを特定します。

2-3-2 リスク受容の考え方

　「セキュリティを考える」とは、「リスク分析をしてそれをどう低減して受容リスクの範ちゅうに収めるか」ということを意味します。

　経営層の方と話をすると、よく「セキュリティが重要なのは理解しているが、何をどこまで対応すればいいのかわからない」と悩まれています。「どこまで」とは、「受容リスクに収まるところまで」であり、受容リスクを決めない限りはこの悩みを解消することはできません。

　自社がリスクをどこまで受容できるのかを判断するのは、経営陣の役割です。この判断は「本来、リスクは定量化できるはずである」という前提に立って行います。

　定量化は容易でありませんが、考え方の一例として、以下のような手順があります。

①単一損失予測（SLE：Single Loss Expectancy）を求める

　1 回のインシデント（リスクの顕在化）で発生する損失額のことで、次の計算式を用います。

・資産価値（円）（AV：asset value）×損失割合（EF：exposure factor）

　例　20 万円の PC が盗難に遭う（100％資産が失われる）

$$20\,万円 \times 1.0 = 20\,万円$$

②年間損失予測（ALE：Annual Loss Expectancy）を求める

年間で発生が予測される損失額のことで、次の計算式を用います。

・①で求めたSLE×そのインシデントが1年間で発生する回数（ARO: Annual Rate of Occurrence）

　例　①のPC盗難が5年に一度発生（AROは1/5=0.2）すると想定

$$20\,万円 \times 0.2 = 4\,万円$$

　この例では、PCの盗難に対する対策に年間4万円までは投資すべきだと判断しやすくなります。

　また、KRI（Key Risk Indicator：重要リスク指標）という考え方も存在します。リスクの顕在化を早期に察知し、できる限り影響を抑えるように努めるための指標です。日本ではあまり耳にしませんが、米国ではKRIを用いたリスクコントロールの考え方が広がりつつあります。組織の目標達成によくKPI（Key Performance Indicator：重要業績評価指標）が用いられているように、リスクも同様に指標で管理する発想があってしかるべきです。

　受容できるリスクは事業環境（外部環境、内部環境、M&Aや事業売却）によって変化することから、定期的あるいはイベントごとに見直すなど、ライフサイクルとして考えることが重要です。

2-3-3 セキュリティコントロールの考え方

セキュリティコントロールの分類・種類

　リスクを低減するためにセキュリティをコントロールする方法は、3つに分類できます。

①技術的／論理的コントロール

　自動化システムや電子システムによって実施されるコントロール。ファイアウォール、RF カードによる入退管理、アクセス制御リストなどがあります。多くの IT システムには、何らかの技術的コントロールに関する処理能力や機能があります。たとえば、ルータは攻撃の可能性を示すトラフィックを拒否するように設定することができます。

②物理的コントロール

　物理的なメカニズムで実施されるコントロール。壁、フェンス、警備員、ロックなどがあります。現代の組織では、多くの物理的コントロールシステムが技術的または論理的システムに接続されています。たとえば、バッジリーダはドアの鍵に接続されています。

③管理的コントロール

　ポリシーとプロシージャ（手順）によって導入されるコントロール。アクセス制御のプロセスや、特定の業務を複数人で行うことなどがあります。現代の環境における管理的コントロールは多くの場合、物理的および／または技術的なコントロールと連動して実施されます。

　さらに、セキュリティコントロールには、7 つのカテゴリがあります。

①指示型（管理型）：義務や要求を課すコントロール。ポリシー、スタンダード、警告などに関するサイネージ（看板）、通知などが含まれ、通常は訓練と組み合わせます。

②抑止型：誰かが特定の活動を選択する可能性を減少させるコントロール。通知、警告などに関するサイネージ（看板）、カメラ、その他のコントロールが含まれます。

③防止型：特定の活動を禁止するコントロール。これらのコントロールは、許可なくその領域に侵入することを防ぎます。

④補完型：プライマリーコントロールの喪失による影響やリスクを低減するコントロール。たとえば、電子入退室管理システムの電源が切れても機能する物理的なロックや、スプリンクラーシステムが作動しない場合に消火器やホースを使用する訓練を受けた人員などです。

⑤検出型：敵対的または異常な活動を認識するコントロール。人感センサー、警備員、番犬、侵入検知システムなどが含まれます。

⑥修正型：修正や修復を実行するために、状況に対応するコントロール。たとえば、消火システム、侵入防止システム、インシデント対応チームなどです。

⑦復旧型：セキュリティインシデント後、オペレーションを以前の良好な状態に回復させるためのコントロール。バックアップや災害復旧計画などが含まれます。

Column

生成 AI の活用で必要なセキュリティの観点とは？

生成AIの登場とビジネスでの活用

　AI（人工知能）のこれまでの歴史をたどると、1950 年代〜 1960 年代の第一次 AI ブーム（推論と探索）、1970 年代〜 1990 年代の第二次 AI ブーム（知識表現）を経て、2000 年代から現在までの動向は第三次 AI ブーム（機械学習）と位置づけられています。

　過去 2 度のブームでは、AI の適用可能な領域が狭かったり、人間が手間暇をかけてお膳立てしなければならなかったりといった欠点が目立ち、冬の時代へ沈んでいきました。

　一方で、第三次 AI ブームで用いられている技術は、それまでの AI とは明らかに異なる性質を有しており、大量のデータを読み込んで AI 自身が知識を獲得する「機械学習」によって、世間に大きなインパクトを与えています。画像やテキストなどの生成が可能なことから「生成 AI（Generative AI）」と呼ばれて、過去の AI と区別されています（図表 2 −⑫）。

　昨今の AI は「第三次 AI ブーム」と一括りにされていますが、その中身を見てみると、さまざまな進化を重ねて現在に至っています。2006 年ごろに提唱された「深層学習（Deep Learning）」に端を発し、いくつものアルゴリズムが登場しました。近年で特筆すべきは Large Language Model（LLM ／大規模言語モデル）の登場で、これを使用する「ChatGPT」のようなアプリケーションを通して、市民生活の中にも展開されはじめています（図表 2 −⑬）。

　ビジネスにおいてテキスト、プログラムコード、画像、動画、音声といったアウトプットが可能な生成 AI は、「作業の効率化・作業時間の短縮」「新

図表 2-⑫ **生成AIの仕組み**

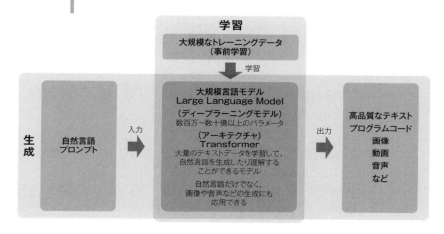

図表 2-⑬ **生成AIの活用形／ソリューション**

テキスト	プログラム コード	画像	動画	音声	その他
ChatGPT GPT-3 GPT-4 BERT PaLM LLaMa など	Amazon CodeWhisperer GitHub Copilot OpenAI Codex Google Codey など	DALLE-2 Google Imagen Midjourney Stable Diffusion など	Deepfake Stable Diffusion など	Wisper Mubert など	

活用シーン

チャットボット、マーケティングコンテンツ、返信メール、製品デモ、字幕生成や翻訳など

たなアイデアの創出」「技術のハードルの低下」「複雑な繰り返し作業の自動化」などの価値をもたらします。うまく活用することで図表２-⑭にまとめたような用途での効果を期待できます。

ビジネスでの活用／ビジネス優位性／効率向上

作業の効率化・作業時間の短縮	新たなアイデアの創出	技術のハードルの低下	複雑な繰り返し作業の自動化

クリエイティブなコンテンツ生成
創造するためのツール

広告のキャンペーン素材、ウェブサイトのコピー、プロダクトのデザイン、音楽の作曲など新しい表現を追求

新たなアイデアの発見
新たなアイデアやコンセプトの生成

新規商品やサービスのアイデアの発見をサポートし、イノベーションを促進

教育とトレーニング
教材の自動生成

教材のカスタマイズやリアルタイムでの学習サポートが可能

迅速なプロトタイピング
製品やサービスのプロトタイプを素早く生成

アイデアの概念実証を迅速に行い、開発プロセスを効率化

自動化されたレポート生成
データ分析の結果から自動的にレポートを生成

ビジネスの進捗状況や市場トレンドの可視化を支援し、意思決定の根拠となる情報を提供

自動言語翻訳
多言語のテキストを翻訳

国際的なビジネス展開や異なる言語圏とのコミュニケーションをスムーズにする手段として活用

仮想キャラクターと対話インターフェース
顧客対話の自動化やカスタマーサポートの向上

パーソナライズされたコンテンツの提供（顧客エンゲージメントの向上）
個別のメッセージングや商品レコメンデーションにより、顧客の関心を引きつけ、エンゲージメントを向上

生成AIの活用で懸念されるセキュリティリスク

　このような生成 AI の価値は早速享受したいところですが、特にビジネス用途で利用する場合には、事業継続に影響するようなリスクも伴います。利用に当たっては、組織として生成 AI の問題を認識して対策を講じなければならず、一方で利用者にも倫理観やリテラシーが求められます。

【1. セキュリティの問題】
①機密情報の漏えい

　生成AIのプロンプト（生成内容などの指示）に入力した情報は、トレーニングデータとして活用されるという利用規約のサービスも存在しています。企業の機密情報を入力すると、AIを経由して漏えいにつながる可能性が指摘されています。

②正確性の問題（幻想／ハルシネーション）

　生成AIは、事実に基づかない情報も生成してしまうことがあり、これを「幻想」「ハルシネーション」と呼んでいます。利用者側は常に判断力を持ち、「アウトプットは必ずしも正しくない」という前提で利用する必要があります。

③可用性の問題（知能低下／ドリフト問題）

　生成AIは、学習させればさせるほどアウトプットの精度が高くなるとは限りません。非常に複雑なAIモデルの一部を改善しようとすると、モデルの他の部分のパフォーマンスが低下する「ドリフト問題」の発生が報告されています。

④脆弱性の問題

　脆弱性は大きく2つの観点があります。

　1つは、多くの生成AIツールやサービスが備えている「フィルタリング」の仕組みをすり抜けて、生成AIが攻撃される可能性です。たとえば、管理者と偽ってChatGPTと対話を行うことで、不適切な質問をブロックするコンテンツフィルターの機能を無効化し、非合法の活動に利用できる情報を引き出すケースなどが考えられます。

　もう1つは、学習モデル自体の脆弱性です。モデルの学習に用いるデータにノイズなどを混入させ、誤判定を生じさせようとする攻撃の脅威が指摘されています。たとえば、人間が画像を見れば明らかにパンダだとわかるのにテナガザルだと判定してしまったり、交通標識を別の意味で

判定してしまったりするような脆弱性が考えられます。

【2．倫理的な問題】
①倫理面の問題（人権、差別）
　2016 年、大手 IT 企業が提供したチャット機能が、チャットを通じて新しい言葉を覚える中で人種差別や性差別を含んだ回答をするようになってしまい、すぐさま公開を停止するという出来事がありました。このように、倫理面で問題となるバイアス（偏向）が生じてしまうリスクがあります。

②道徳面の問題（トロッコ問題）
　AI が抱える道徳面の問題で、よく引き合いに出されるのが「トロッコ問題」です。ブレーキが効かなくなったトロッコが進むレールの先にはポイントがあり、能動的にレバーを操作すれば 5 人の作業員を助けられる一方で、分岐先にいる 1 人の作業員は犠牲になってしまう状況での判断を問うものです。
　生成 AI に道徳的な問題に対して意見を求めると、そのときによって見解が異なる「いい加減」なアドバイスであるにもかかわらず、それをインプットする人間の選択には影響を与えてしまうという研究結果が報告されています。

【3．法的な問題】
①著作権の問題
　日本の著作権法では、著作物を「思想又は感情を創作的に表現したものであって、文芸、学術、美術又は音楽の範囲に属するもの」と定義していますが、生成 AI の出力結果に著作権があるのかどうかは議論されている最中です。
　機械学習データなどとして他人の著作物を使うことは認められているものの、有料データベースの無断使用は侵害行為となり得ますし、原作を学習して作られ、原作と類似していれば侵害と認定される可能性があ

ります。そのため、出力結果を利用する場合には、利用者自身が著作権の責任を担わなければなりません。

　一方で、利用者が有する著作権についても意識が必要です。生成 AI サービスによっては利用規約で、プロンプトに入力した内容を無制限かつ無償で利用することを承諾しなければならないものも存在します。

②個人情報・プライバシーの問題

　多くの生成 AI は、インターネット上に公開されているさまざまな情報を利用していると思われ、個人的な情報が同意なしに収集されている可能性があります。そのため、出力結果がプライバシーを侵害している恐れがあります。

　また、現状では事実とは異なる個人情報が出力される場合もあるため、留意が必要です。

【4．悪用可能性の問題】
①脱獄の問題

　生成 AI の多くは、回答としてふさわしくないものを出力しないフィルタリングや、悪意のあるプロンプトに応じないガードレールを備えることで、悪用されないようにしていますが、こうした対策をすり抜けてサイバー攻撃などに利用されてしまうことが懸念されています。

②サイバー攻撃への悪用の問題

　生成 AI がサイバー攻撃で悪用されるケースはいくつか考えられますが、ここでは 2 つを紹介します。

　1 つは、自然言語テキストの生成による悪用です。たとえば、フィッシングメールの作成、相手をだますようなメールのやり取り、偽のチャットボットに組み込んで機密情報やクレジットカード番号を聞き出す行為などに使用される懸念があります。また、フェイクニュースなどの偽情報の拡散や、企業ブランドを毀損する情報を SNS で発信するような悪用も想定されます。

もう 1 つは、攻撃コードの自動生成による悪用です。AI によるコード生成の技術が高度化しており、これを応用することによりマルウェアなど悪意のあるプログラムを自動的につくることも可能です。

③勝手 LLM（ガードレールやフィルターなし）の問題

LLM は独自に作成することもでき、オープンソースのものも存在しています。真っ当なサービス提供者なら、悪用をできるだけ防ぐためにガードレールやフィルタリングなどの仕組みを搭載するでしょう。しかし、こうした悪用防止の仕組みを入れずに LLM を作成して提供するケースもあり、そのような生成 AI の存在を前提に対策を講じたり、怪しいサービスは使わないように周知したりすることが必要です。

④間接的に悪用する問題

個人情報や機密情報などを窃取する目的で新サービスを立ち上げ、生成 AI という話題性でユーザーを獲得しようとするケースにも警戒が必要です。

また、ソフトウェア開発の現場におけるリスクが懸念されています。

昨今ではオープンソースの部品やサービスを組み合わせて開発することが一般的となっており、エンジニアは Web 上で公開されている既存のプログラムコードを利用します。ライブラリなどを探すために対話型生成 AI を使用した結果、ハルシネーションによって本来存在しない架空のものを推奨してくる可能性があります。そのことを知った攻撃者は、架空のものと同名のライブラリを後から作成して実在させることで開発中のソフトウェアにマルウェアを潜入させるサイバー攻撃が可能なのではないかという仮説が立てられているのです。

生成AIの活用を支援するNECの取り組み

生成 AI の活用に関するルールづくりや環境構築は、企業の事情などを踏まえて個別に行う必要があります。

　NECでは2018年10月にデジタルトラストに関する専門組織を立ち上げ、2019年4月にはAIの利活用に関する「AIと人権に関するポリシー」を策定しました。これを基本方針に、2023年4月には経産省の『AIガバナンスガイドライン』に準拠したアジャイルガバナンスの運用を開始し、生成AIの活用に関するガイドラインを策定しています。

　これらのガイドラインを基に、社員3万人以上が生成AIを業務に積極的に活用しており、業務効率化やアイデア創出の場面で圧倒的な生産性向上を実現しています。

　この自社で培ったノウハウを基に、企業における生成AIの活用を支援するため、NECでは日本市場向け生成AIを独自開発し、共通基盤「NEC Digital Platform」上で、「NEC Generative AI Service」として提供しています。

　生成AIの活用シナリオ策定を行うコンサルティングから、高い日本語能力を持ち、軽量なモデルサイズが特長のNEC独自LLM、ソフトウェア／ハードウェアといったプロダクト、LLM活用に関するリテラシーの「教育」サービス、「AI倫理に配慮したポリシー設計」などワンストップの支援を行っています。

　また、CDO（Chief Digital Officer）直下に「NEC Generative AI Hub」という専門組織を立ち上げ、お客様業種向けのモデル作成、LLM活用のためのソフトウェア整備、組織立ち上げなどを包括的に支援するプログラムを提供しています（NEC Generative AI Advanced Customer Program）。

　生成AIをはじめとする先端テクノロジーの活用に当たっては、テクノロジーの得意領域やリスクを正しく理解し、最終的には人間が判断していくことが重要です。また日々進化するテクノロジーに合わせて、アジャイルに活用ルールやガイドラインを見直し、ガバナンスのPDCAサイクルを回すことで、社会の中で信頼されるテクノロジーの醸成に結びつくと考えています。

第3章

Cyber Security

実践のための組織づくり

3-1

体制を整える

| 3-1-1 | サイバーセキュリティ体制の構築（組織） |

セキュリティ統括機能とは

　第2章で述べたように、サイバーセキュリティ対策を実施するためには、経営者のリーダーシップが必要不可欠であり、サイバーセキュリティ体制構築が経営者の責務であることは『サイバーセキュリティ経営ガイドライン』の指示2に明記されています。

　体制は企業の規模や業種・業務内容・企業文化等で異なり、対策の実施に必要な資源も異なります。そのため、望ましいサイバーセキュリティ管理体制は、企業ごとに検討が必要です。

　そこで本章では、自社に最適な体制や人材確保に関するポイントについて紹介します。

　「セキュリティ統括機能」とは、企業におけるリスクマネジメント活動の一部であり、「サイバーセキュリティ対策およびインシデント対応における、CISOや経営層による意思決定」や「事業部門におけるサイバーセキュリティ対策の検討および実施」について、専門的な知見や経験を基にサポートする機能です（図表3－①　中央の楕円の部分）。サイバーセキュリティ対策をリードする役割を担う組織や人材と言い換えることもできます。

　セキュリティ統括機能は、主に「戦略マネジメント層」と「実務者・

図表 3-① セキュリティ統括機能のイメージ

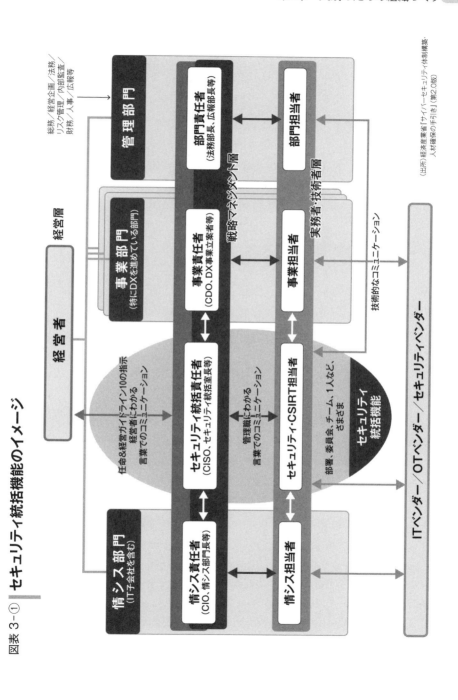

（出所）経済産業省「サイバーセキュリティ体制構築・人材確保の手引き」（第2.0版）

技術者層」の２層で組織横断的に関係部署と連携し、組織的なサイバーセキュリティ対策を統括します。体制構築に当たっては、こうした機能が適切に維持されるように工夫する必要があります。

　重要なのは、セキュリティ統括機能は「企業におけるセキュリティ対策に関する業務をすべて集約して受け持つ機能では"ない"」ということです。

　セキュリティ対策の実務は、事業部門や管理部門の業務と密接に結びついているため、当該部門が主体的にセキュリティ対策に取り組むほうが効果的・効率的に対応できる場合も多いからです。

セキュリティ統括機能のタスク

　セキュリティ統括機能は、図表３－②に示すように、「方針策定」「実務」「支援」「実務支援」の４種類のタスクを担います。

　「方針策定」では、セキュリティポリシー策定などのセキュリティ戦略に関して、経営層（CISO 等）が担う業務を補佐します。経営層が主体となって決定すべきですが、そのためには専門的な知見が欠かせません。そこでセキュリティ統括機能が意思決定を補佐するのです。

　「実務」では、各種ガイドライン等を作成します。これはセキュリティ統括機能が主体的に取り組む実務です。

　「支援」および「実務支援」とは、新規技術やサービスの導入、データ管理といった他部門が主体的に取り組むセキュリティ対応を支援するタスクです。事業部門や管理部門の業務を専門的な知見で支援します。

　「実務支援」は事業分野別のセキュリティ対策を指しており、図表３－②の例では製造業を想定して IoT（Internet of Things）、IT、OT（Operational Technology：製造設備の制御技術）の３つの事業分野を挙げています。各事業に関わる企画から運用、監査、さらに自社ではまかなえない調達・委託に関するサプライチェーンリスク管理までが対象になります。

図表 3-②　**セキュリティ統括機能が担うタスク**

セキュリティ統括	方針策定	セキュリティ戦略	法令対応（国内法対応、各国法対応）		
			セキュリティポリシー策定		
			リスクマネジメント・事業継続管理（BCM）		
			組織体制・業務分掌・業務権限策定		
			セキュリティ基準・政府等ガイドライン対応		
	実務	セキュリティ実務	規程・社則・技術的ガイドライン策定		
			構成管理指針策定・アセスメント実施		
			情報共有・情報連携		
			インシデント管理・CSIRT活動（SOC含む）		
	支援	セキュリティ対応	新規技術・サービス導入		
			データ管理		
	実務支援	事業分野別セキュリティ対策	IoT	IT	OT
		企画	セキュリティ戦略／予備措置		
		設計	セキュリティバイデザイン		
		調達	選定基準（機器・サービス等）		
		運用	運用保守基準／品質管理		
		監査	アセスメント／監査		
		調達先管理	サプライチェーンリスク管理		
		委託先管理			

経営層（CISO等）が担う業務の補佐
専門的な知見が必要なものの、意思決定の補佐

自組織が主体的に取り組む実務

他部門が主体的に取り組む実務の支援
事業部門や管理部門が主体となって行う業務を専門的な知見で支援

セキュリティ統括機能の設置方法

　セキュリティ統括機能の設置方法について、一般社団法人日本情報システム・ユーザー協会（JUAS）のレポートでは、日本企業を対象にした調査を基に形態と機能範囲を類型化しています（図表3-③）。

〈セキュリティ統括機能の形態〉
・専門組織型
　セキュリティ統括室などの独立した部門や情報システム部門の中のセ

図表 3-③ セキュリティ統括機能の形態

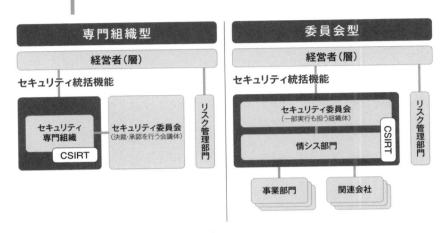

キュリティチームなどの専門組織が担う形態。

　サイバーセキュリティに関する委員会で決定された方針・規定類の実行機能を担う場合が多い。

　セキュリティ統括機能を担うのに適切な部署が存在しない場合、新たな専門組織を構築するのがよい。

・委員会型

　セキュリティ委員会が一部の実行機能も担い、その下に情報システム部門が位置づけられ、全社的なガバナンスを行う形式。

　全社 IT 利活用のマネジメントが情報システム部門に集約され、すでにセキュリティ統括機能を担っている場合、セキュリティ委員会と情報システム部門とでセキュリティ統括機能を分担するのが合理的。

〈セキュリティ統括機能が担う機能の範囲〉

・集権型

　全社で統一されたサイバーセキュリティ対策のルールに基づき、一元的に管理。

　人材が限られている場合に効果を発揮しやすい、セキュリティ対策組織の運営コストを削減できる、セキュリティ対策レベルを均質化しやすいなどの利点がある。

　一方、セキュリティ統括組織が全部門の業務内容やリスクを把握するのに時間がかかる、現場の事情を反映しにくい、柔軟な対応を行いにくい、などの欠点もある。

・連邦型

　サイバーセキュリティ対策のうち、全社システムは1カ所で統括し、各事業部・関連会社固有のシステムは各々が担当。

　意思決定が早い、現場の事情を対策に反映しやすい、事業ごとに柔軟な運用が可能、などの利点がある。

　一方、事業部門ごとにセキュリティ対策の専門性を備えた人材を配置する必要があり運営コストがかかる、特定の事業部門のセキュリティ対策レベルが低下しても気づきにくい、などの欠点もある。

　以上の形態と機能範囲を掛け合わせると、4つのパターンになります。どのパターンが自社に適しているかは、企業におけるガバナンスやリスクマネジメントの体制によって変わるため、どんな企業にとっても最良だと言える型があるわけではありません。自社にとって最良のセキュリティ統括機能を組織するための参考にしてください。

サイバーセキュリティ関連タスクに関する役割と責任

　サイバーセキュリティ関連タスクをどの部署が担当して遂行するのかは、独立行政法人情報処理推進機構（IPA）がまとめたIT人材に関する指針の一つである「ITSS＋（セキュリティ分野）」が参考になります。

　図表3－④は、サイバーセキュリティ関連タスクと担当部署を割り当てた一例です。実質的な作業を外部委託するものの、その委託先管理を行うことを通じてタスクを実施する場合も含まれています。

図表 3-④ サイバーセキュリティ関連タスクに関する役割と責任

	分野別	サイバーセキュリティ関連タスクの例	担当部署/機能の例(太字は社外委託先等)
経営層	セキュリティ経営(CISO)	サイバーセキュリティ意識啓発、対策方針の指示、セキュリティポリシー・予算・対策実施事項の承認等	経営者、経営層(CISOを含む)
	デジタル経営(CIO/CDO)		
	企業経営(取締役)		
戦略マネジメント層	セキュリティ監査	情報セキュリティ監査、報告・助言等	監査部門 **セキュリティ専門事業者・監査法人 (情報セキュリティ監査サービス)**
	システム監査	システム監査、報告・助言等	監査部門 **IT専門事業者・監査法人(システム監査サービス)**
	セキュリティ統括	サイバーセキュリティ教育・普及啓発、サイバーセキュリティ関連の講義・講演、サイバーセキュリティリスクアセスメント、セキュリティポリシー・ガイドラインの策定・管理・周知、警察・官公庁等対応、社内相談対応、インシデントハンドリング等	セキュリティ専門部会、CSIRT セキュリティ委員会 IT・デジタル部門のサイバーセキュリティ対策機能
	デジタルシステムストラテジー	デジタル事業戦略立案、システム企画、要件定義・仕様書作成、プロジェクトマネジメント等	経営企画部門、IT企画部門、IT・デジタル部門の企画機能 **IT/セキュリティコンサルタント**
	経営リスクマネジメント	経営リスクマネジメント、BCP/危機管理対応、サイバーセキュリティ保険検討・記者・広報対応、施設管理・物理セキュリティ、内部犯行対策等	総務部門(リスク管理部門を含む) 経営企画部署、総務部署等のリスクマネジメント機能
	システム監査	システム監査、報告・助言等	監査部門 **IT専門事業者・監査法人(システム監査サービス)**
	法務	デジタル関連法対応、コンプライアンス対応、契約管理等	法務部門、総務部門の法務担当
	事業ドメイン (戦略・企画・調達)	事業特有のリスクの洗い出し、事業特性に応じたサイバーセキュリティ対応、サプライヤー管理等	事業部門の企画機能 **事業戦略コンサルタント**
実務者・技術者層	脆弱性診断・ペネトレーションテスト	脆弱性診断、ペネトレーションテスト等	IT・デジタル部門の運用機能、IT子会社 **セキュリティ専門事業者(脆弱性診断サービス)**
	セキュリティ監視・運用	セキュリティ製品・サービスの導入・運用、セキュリティ監視・検知・対応、インシデントレスポンス、連絡受付等	IT・デジタル部門の運用機能、IT子会社 **セキュリティ専門事業者 (セキュリティ監視・運用サービス)**
	セキュリティ調査分析・研究開発	サイバー攻撃捜査、原因究明・フォレンジック(※)、マルウェア解析、脅威・脆弱性情報の収集・分析・活用、セキュリティ理論・技術の研究開発、セキュリティ市場動向調査等	CSIRT/IT・デジタル部門のリサーチ機能、IT子会社 **セキュリティ専門事業者 (デジタルフォレンジックサービス)**
	デジタルシステムアーキテクチャ	セキュアシステム要件定義、セキュアシステムアーキテクチャ設計、セキュアソフトウェア方式設計、テスト計画等	IT・デジタル部門の設計機能、IT子会社 **IT/OT専門事業者**
	デジタルプロダクト開発	基本設計、詳細設計、セキュアプログラミング、テスト・品質保証、パッチ開発等	IT・デジタル部門の開発・保守機能、IT子会社 **IT/OT事業者**
	デジタルプロダクト運用	構成管理、運用設定、利用者登録、サポート・ヘルプデスク、脆弱性対策・対応、インシデントレスポンス等	IT・デジタル部門の運用機能、IT子会社 **IT/OT/セキュリティ専門事業者**
	事業ドメイン(生産現場・事業所管理)	現場教育・管理、設備管理・保全、QC活動、初動対応等	運転、保全、計装、品質管理関連部署、PSIRT **OT/セキュリティ専門事業者**

(出所)経済産業省『サイバーセキュリティ体制構築・人材確保の手引き』(第2.0版)
※セキュリティ事故が起きた際に、端末やネットワーク内の情報を収集し、被害状況の解明や犯罪捜査に必要な法的証拠を明らかにする取り組み

　当然ながら、組織の構造などによって、セキュリティ統括機能が受け持つべきタスクや他の部署に割り当てるべきタスクは異なります。

　なお、この図表3-④はITSS+の17分野に対応させて作成しているため、人材育成のカテゴリーともリンクしています。人材育成については本章の3-4で解説します。

　すべてを自社内で対応し切れない場合には、外部委託を検討することになりますが、場当たり的に補うのではなく、長期的な視点を持ち戦略的な考え方に基づいて判断すべきでしょう。サイバーセキュリティ対策の実務担当者がリソースの充足状況等で判断するのではなく、セキュリティ統括業務などを担う戦略マネジメント層よりも上位の階層において決定することが重要です。

　以下に、外部委託範囲を検討する際の考え方を示します。

〈必ず自社要員で対応すべき分野〉
・経営層が担う全分野／セキュリティ統括／経営リスクマネジメント／法務／事業ドメイン（図表3-④では「経営層」に分類する分野）

　自社の経営判断に直結する分野や、管理部門が担当すべき分野、事業のリスクマネジメントに相当する分野の外部委託は不適切であり、少なくとも意思決定や管理は自社の要員で対応することが望ましいと考えられます。

　適切な人材がいない可能性もありますが、その場合には自社要員の責任の下、外部専門事業者との適切な役割分担を行った上で実行します。

〈監査関連分野〉
・システム監査／セキュリティ監査（図表3-④では「戦略マネジメント層」に分類する分野）

　監査業務については、社内の要員で行う内部監査と外部委託して行う外部監査とでは監査の意味合いが異なることに留意し、目的に応じて使

い分けます。自社体制での実施が可能であるものの、外部委託すること
で別の効果が生じる分野です。

〈その他の分野〉
・脆弱性診断・ペネトレーションテスト／セキュリティ監視・運用

　経営方針やインシデント発生時の事業への影響、自社の要員・リソー
スの状況等に応じて、許容される範囲内で業務を外部委託することが可
能です。
　ただし、分野内のすべての業務を委託するのは望ましくありません。
「どこまで委託し、どの部分を自社でやるか」「どのような形態で委託す
るか」などを併せて検討する必要があることに注意してください。
　図表3－④では「戦略マネジメント層」に分類する分野のうち、「セキュ
リティ統括」「経営リスクマネジメント」「法務」が該当し、自社体制で
実施しつつ、高い専門性が必要な業務を外部委託することが考えられる
分野です。
　これら以外の「戦略マネジメント層」および「実務者・技術者層」も
同様に外部委託が可能ですが、意思決定・管理は自社で実施すべきです。
このうち、脆弱性診断・ペネトレーションテスト／セキュリティ監視・
運用／セキュリティ調査分析・研究開発といった専門性が非常に求めら
れるタスクについては、自社で専門要員を確保できるだけの体力と人事
制度（キャリアパス）がない限り、外部委託が望ましいと言えます。デ
ジタルシステムアーキテクチャやデジタルプロダクト開発に関するタス
クも同様ですが、SaaSなどのパッケージを利用する場合、設定（デー
タのアクセス制御など）など、ユーザーが責任を負う部分は自社の担当
者が担う必要があります。

セキュリティ体制と分野のマッピング例

　ここまでセキュリティ統括機能の類型、各部門の役割と責任およびタ

スクについて説明しました。それらの総括として、金融、ネットサービス、製造の３業種におけるセキュリティ体制と分野のマッピング例を示します（図表３-⑤、３-⑥、３-⑦）。

サイバーセキュリティ体制に影響を及ぼす要素

サイバーセキュリティ体制の構築に影響を及ぼす６つの要素があります。次のような影響があることを加味して検討を進めましょう。

①業種

IT利用形態が全社を通じて類似している場合には、統一的なサイバーセキュリティ対策を講ずることが一般的です。代表的なのが金融系の業種です。

図表 3-⑤ **金融業におけるセキュリティ体制と
分野のマッピング例（集権型）**

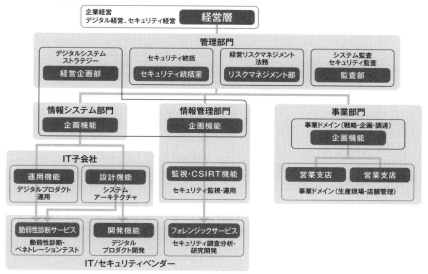

図表 3-⑥ ネットサービス業におけるセキュリティ体制と
分野のマッピング例（委員会型）

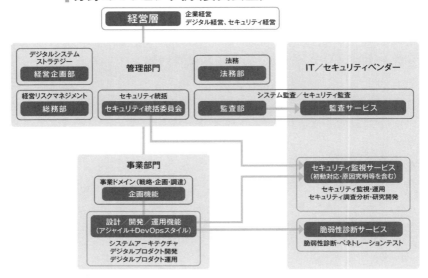

図表 3-⑦ 製造業におけるセキュリティ体制と分野のマッピング例

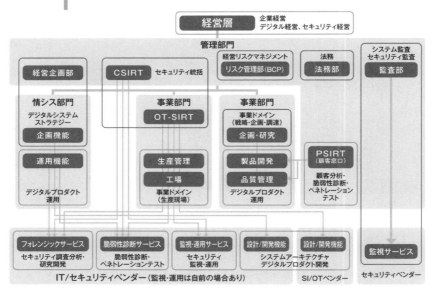

製造業では製造部門のOT環境がIT環境とは異なるため、統一的な体制を組むことが必ずしも合理的でない場合があります。

サービス業では、サービス特性に応じて現場部門がセキュリティ統括機能を有したほうが合理的な場合もあります。

②事業規模

事業規模が大きくなければ、リスク管理担当者がサイバーセキュリティも扱うことが合理的な場合もあります。

一方で、超大手企業の場合には、中央のみで一元管理しようとしても現場に目が行き届かないこともあります。

③事業のバリエーション

複数の事業が類似している場合は、共通のサイバーセキュリティ管理体制で管理するほうが効率的と考えられます。

事業形態が大きく異なり、事業で扱う情報やサービスの内容等も異なる場合は、事業部ごとに異なるサイバーセキュリティ体制を構築するほうが効率的なこともあります。

④グループ企業

グループ企業各社の事業内容が異なっていたり、それぞれ独立した事業運営を行っていたりする場合、各社に一定のセキュリティ統括機能および xSIRT（CSIRTやOT-SIRTなど）を設置して、それぞれが判断し、必要な場合は相互に連携する体制のほうが適切なこともあります。

海外子会社の場合、現地の法規制（例：GDPR＝欧州における一般データ保護規則）により個人情報の域外持ち出しができず、アクセスログを域内で分析できるような体制が必要になる場合もあります。

⑤IT子会社の有無

自社や自社グループのITインフラの運用・管理を担うようなIT子会社がある場合は、セキュリティ統括機能の一部をその子会社に任せる

ほうが効率的になることもあります。

⑥情報システム部門の有無と同部門への依存度

　自社のITインフラを情報システム部門が一元管理している場合は、同部門がサイバーセキュリティ管理に関する多くの作業を担うことが合理的です。

　一方で、情報システム部門が事業部門で扱っているITサービスを把握していない場合（OTシステムなど）には、サイバーセキュリティ管理に関する作業の担当組織を別に設置するのが適切なこともあります。

サイバーセキュリティ体制構築の検討ポイント

　以上が、サイバーセキュリティ体制構築における組織面についての解説です。体制構築時の検討ポイントは、次の3つに集約できます。

①自社の業種、事業規模、事業特性と実行体制などを勘案し、実行性のある体制を構築することが必要
②自前主義に陥らず、外部委託を積極的に活用する
③体制は一度構築して終わりではなく、必要に応じて適宜見直す（例：定期的に年1回以上）

　「金融だから」「製造業だから」といった業界の枠に当てはめてベストプラクティスを参考にするのも1つの方法ですが、それにとらわれることなく、自社ですでに円滑に回っている組織や習熟した人材をセキュリティにも活かす発想も大切です。

　特に日本企業は自前でまかなおうとする傾向が強いのですが、セキュリティに関しては対策の妨げになることもあることを認識して、外部の協力を得る判断が必要です。「社内に人材がいない」と悩むばかりで対策が遅れている企業は珍しくありません。必要な対応であるなら、社外のサービスをうまく活用して少しでも早く懸念点を払拭すべきです。

　アウトソースを比較的に始めやすいのは、実装や技術に関するタスクでしょう。その中でぜひアウトソーシングを利用すべきなのが、ペネトレーションテストや診断です。こうしたタスクは専門性が高く、要員を自社で用意しておく必要性はあまり感じられません。現実に、自社だけで実施できる企業は珍しいでしょう。運用・監視についても同様で、「SOC（Security Operation Center）サービス」と呼ばれている専門サービスの利用をお勧めします。加えて脆弱性情報や脅威情報といったインテリジェンスに関するタスクや、デジタルフォレンジック（インシデント発生後の証拠収集）なども、外部に委託する前提で体制構築を進めるとよいでしょう。

　戦略に関するタスクについては自社内で担うべきだと指摘しましたが、セキュリティの取り組みを始めて間もないなどの理由で成熟していない状況なら、サイバーセキュリティ戦略を自社で策定して実行に移すのは困難だと思われます。そのような場合にはある程度素養がある人材を集めて中心に据えて、弁護士や税理士の助けを借りるのと同じような感覚で専門コンサルタントなどの助言を受けながら進めることも検討しましょう。あくまで助言であって、決定は自社で行います。

　しかし、体制を構築しただけでは取り組みは終わりません。構築後は必要に応じて見直していくことが大切です。

3-1-2　サイバーセキュリティ体制の構築（人材）

　サイバーセキュリティ体制の構築には、経営層（セキュリティ経営（CISO））、戦略マネジメント層（セキュリティ統括、セキュリティ監査など）、実務者・技術者層（脆弱性診断・ペネトレーションテスト、セキュリティ監視・運用）の各分野の役割を担う人材が必要です。

　IPA の ITSS+ では、17 項目のタスクに対応する担当部署や機能を例示しています（図表3−⑧）。

図表 3-⑧ サイバーセキュリティ関連タスクに関する役割と責任

	分野別	サイバーセキュリティ関連タスクの例	担当部署/機能の例（**太字は社外委託先等**）
経営層	セキュリティ経営（CISO）	サイバーセキュリティ意識啓発、対策方針の指示、セキュリティポリシー・予算・対策実施事項の承認等	経営者、経営層（CISOを含む）
	デジタル経営（CIO/CDO）		
	企業経営（取締役）		
戦略マネジメント層	セキュリティ監査	情報セキュリティ監査、報告・助言等	監査部門 **セキュリティ専門事業者・監査法人 （情報セキュリティ監査サービス）**
	システム監査	システム監査、報告・助言等	監査部門 **IT専門事業者・監査法人（システム監査サービス）**
	セキュリティ統括	サイバーセキュリティ教育・普及啓発、サイバーセキュリティ関連の講義・講演、サイバーセキュリティリスクアセスメント、セキュリティポリシー・ガイドラインの策定・管理・周知、警察・官公庁等対応、社内相談対応、インシデントハンドリング等	セキュリティ専門部会、CSIRT セキュリティ委員会 IT・デジタル部門のサイバーセキュリティ対策機能
	デジタルシステムストラテジー	デジタル事業戦略立案、システム企画、要件定義・仕様書作成、プロジェクトマネジメント等	経営企画部門、IT企画部門、IT・デジタル部門の企画機能 **IT/セキュリティコンサルタント**
	経営リスクマネジメント	経営リスクマネジメント、BCP／危機管理対応、サイバーセキュリティ保険検討、記者・広報対応、施設管理・物理セキュリティ、内部犯行対策等	総務部門（リスク管理部門を含む） 経営企画部署、総務部署等のリスクマネジメント機能
	システム監査	システム監査、報告・助言等	監査部門 **IT専門事業者・監査法人（システム監査サービス）**
	法務	デジタル関連法対応、コンプライアンス対応、契約管理等	法務部門、総務部門の法務担当
	事業ドメイン（戦略・企画・調達）	事業特有のリスクの洗い出し、事業特性に応じたサイバーセキュリティ対応、サプライヤー管理等	事業部門の企画機能 **事業戦略コンサルタント**
実務者・技術者層	脆弱性診断・ベネトレーションテスト	脆弱性診断、ベネトレーションテスト等	IT・デジタル部門の運用機能、IT子会社 **セキュリティ専門事業者（脆弱性診断サービス）**
	セキュリティ監視・運用	セキュリティ製品・サービスの導入・運用、セキュリティ監視・検知・対応、インシデントレスポンス、連絡受付等	IT・デジタル部門の運用機能、IT子会社 **セキュリティ専門事業者 （セキュリティ監視・運用サービス）**
	セキュリティ調査分析・研究開発	サイバー攻撃捜査、原因究明・フォレンジック、マルウェア解析、脅威・脆弱性情報の収集・分析・活用、セキュリティ理論・技術の研究開発、セキュリティ市場動向調査等	CSIRT/IT・デジタル部門のリサーチ機能、IT子会社 **セキュリティ専門事業者 （デジタルフォレンジックサービス）**
	デジタルシステムアーキテクチャ	セキュアシステム要件定義、セキュアシステムアーキテクチャ設計、セキュアソフトウェア方式設計、テスト計画等	IT・デジタル部門の設計機能、IT子会社 **IT/OT専門事業者**
	デジタルプロダクト開発	基本設計、詳細設計、セキュアプログラミング、テスト・品質保証、パッチ開発等	IT・デジタル部門の開発・保守機能、IT子会社 **IT/OT事業者**
	デジタルプロダクト運用	構成管理、運用設定、利用者登録、サポート・ヘルプデスク、脆弱性対策・対応、インシデントレスポンス等	IT・デジタル部門の運用機能、IT子会社 **IT/OT/セキュリティ専門事業者**
	事業ドメイン（生産現場・事業所管理）	現場教育・管理、設備管理・保全、QC活動、初動対応等	運転、保全、計装、品質管理関連部署、PSIRT **OT/セキュリティ専門事業者**

（出所）ITSS+https://www.ipa.go.jp/jinzai/itss/itssplus.html

こうしたセキュリティ人材を確保する手段は、配置転換および育成、採用（中途／新卒）、外部委託のいずれかになり、図表3－⑨のように分類できます。

　このうち戦略マネジメント層を、新卒採用が担うのは現実的ではありませんので、1、2、3、5が選択肢になり得ます。実務者・技術者層は2、3、4、5が該当します。

図表 3-⑨ セキュリティ人材を確保するための方法

分類	項番	方法	特徴
配置転換	1	リスクマネジメントや経営管理に関する業務経験を有する人材の配置転換及び育成	• 災害対策等のリスクマネジメントや経営上の問題への対処を行う部署での業務経験を有する人材にサイバーセキュリティ対策業務に必要な知識・スキルを習得させる方法。 • 一方、必要な知識・スキルには技術的なものも含まれるため、その習得に意欲的な人材であることが望ましい（最低限「情報セキュリティマネジメント試験」に合格する程度は必要）。
	2	ITの管理・運用に関する業務経験を有する人材の配置転換及び育成	• IT部門等で社内の情報システムやネットワークの管理・運用経験者にサイバーセキュリティ対策業務に必要な知識・スキルを習得させる方法。 • ITの知識・スキルがあるとサイバーセキュリティの技術的な概念を理解しやすい上、システムトラブル対応経験はインシデント対応の場面でも活用可能。 • 一方、セキュリティ統括などの機能担うためには、経営視点のマネジメントスキル取得や事業部門の業務理解が必要。
採用	3	セキュリティ対策関連の業務経験を有する人材の中途採用	• 確保できれば、最も短期間で人材を戦力化できると見込まれる。担当する業務内容によっては自社の業務知識の習得や経験を積むのに要する期間等の考慮は必要。 • セキュリティ人材は売り手市場のため、社内の処遇体系を相当に上回る待遇を提示する必要など人事制度の整備が必要。
	4	セキュリティを専門とする教育機関を修了した人材の新卒採用	• サイバーセキュリティに関する専門教育を提供する大学院、大学、高専、専門学校などを修了した人材を新卒採用。 • 一般的に即戦力とすることは困難であり、採用後一定期間の業務経験が必要。
外部委託	5	兼業や副業で従事する人材の活用	• 新しい働き方として、他企業等でサイバーセキュリティの専門性を発揮している人材が、兼業や副業の形で別の企業のサイバーセキュリティ対策業務を担う方法。 • 中小企業などで、専門人材を常勤で雇用する余裕がない場合、特定の曜日のみの非常勤勤務を活用することも有効。 • 「機密保持の観点から、依頼しづらい業務もある」との懸念も示されているが、情報処理安全確保支援士には、法律に基づき秘密保持義務が課されており、企業内の情報管理など高いレベルでの秘密保持が求められる業務も委託可能。

（出所）経済産業省『サイバーセキュリティ体制構築・人材確保の手引き』を参考に作成

3-2

実効性のある運用

3-2-1　情報セキュリティリスクの考え方

セキュリティリスクとは

　サイバーセキュリティ対策では、ポリシーやルールを策定し、対策を実装・適用してシステムやデータを守りますが、重要なのは継続的に運用することです。

　セキュリティ運用で大切なのは、前節3－1でも説明したように、セキュリティリスクを受容可能なレベルに下げることです。受容できるリスクは事業環境によって変化し続けるため、やはり継続的に運用していくことが重要です。そのため、セキュリティライフサイクルとして活動することが求められます。

　セキュリティは、事業を加速させながら安全に推進する「ガードレール」のようなものだと考えられ、自動車の走行（＝ビジネス）を阻害するものであってはならないのです。CIA※のバランスを考慮しながら対策を行うことが大切です。たとえば、スマートフォンの使用を禁止するのではなく、ユーザビリティを考慮しながら安全安心に使えるルールやソリューションを導入した結果、スマートフォンが事業に必須のツールになっている企業も多いでしょう。

※ CIA

　機密性（Confidentiality）、完全性（Integrity）、可用性（Availability）の頭文字を取っ

た、情報セキュリティの概念を説明する際によく用いられる用語。

　機密性とは、許可された者だけが情報にアクセスできるようにすることです。許可されていない利用者は、コンピュータやデータベースにアクセスすることができないようにしたり、データを閲覧することはできるが書き換えることはできないようにしたりします。
　完全性とは、保有する情報が正確であり、完全である状態を保持することです。情報が改ざんされたり、破壊されたりしないことを指します。
　可用性とは、許可された者が必要なときにいつでも情報にアクセスできるようにすることです。つまり、可用性を維持するということは、情報を提供するサービスが常に動作することであり、システムがスムーズに利用できる状態を表します。

　セキュリティリスクを受容可能なレベルまで下げるには、リスクを数値化する必要があります。
　セキュリティリスクを分解すると、「発生可能性」と「影響度」の掛け算で表現できます。
　発生可能性は、脅威と脆弱性によって判断されます。影響度は、企業・組織にとっての「価値」によって判断されます。

①発生可能性×②影響度＝セキュリティリスク

＊①発生可能性は、「脅威」と「脆弱性」により判断
　②影響度は、企業・組織にとっての「価値」による評価

　ここで「脅威」「脆弱性」「価値」という言葉を使いましたが、これらはセキュリティリスクの文脈において、次のような意味を持ちます。

《脅威》

　脅威はインシデントの潜在的な要因で、システムに悪影響を与える事象です。コントロールが比較的困難ですが、未然防止策として取り組むべきものです。

　たとえば、テロや自然災害といった要因によるシステム停止等の脅威、従業員による内部不正行為（内部脅威）、人的なミス（メール誤送信や、誤ったコマンド実行によるデータ消去やシステム停止など）、外部からのサイバー攻撃といった脅威（外部脅威）があります。

《脆弱性》

　脆弱性はコンピュータのOSやソフトウェアにおいて、プログラムの不具合や設計上のミスが原因となって発生した情報セキュリティ上の欠陥で、「セキュリティホール」とも呼ばれます。

　脆弱性が残された状態でコンピュータ等を利用していると、不正アクセスに利用されたり、ウイルスに感染したりする危険性があります。

　たとえば、「セキュリティパッチが当てられていない」「データへのアクセス制御が正しく設定されていない」「データのバックアップが取られていない」といった状態を指します。バックアップに関しては、システムバックアップやデータバックアップを取得していても、初期構築後や環境変更の設定ファイルなどのバックアップが対象から漏れて復旧が困難なこともあり、これも脆弱性の一種です。ランサムウェアの手口は、データを暗号化してシステムを利用できなくするため、復旧のために必要なバックアップがないことも脆弱性の1つであると捉えることができます。

《価値》

　価値は、組織に与える影響度のことです。情報資産の価値は、会計的な価値だけではなく、ブランド価値も含まれます。

　たとえば、顧客データの漏えいは、企業のブランド価値を損ねる重大なインシデントです。また、サイバー攻撃によって、システムの稼働停

止や株価への影響といった価値の毀損が発生します。最近では、持続可能性を重視するESG（環境・社会・企業統治）投資において、サイバーセキュリティ対策を新たな評価軸に加える動きが広がりつつあります。海外ではシステムが不正アクセスを受けた影響を投資家や関係者が重く見て、株式取引の停止や株価急落につながった例がいくつもあります。

　ただし、同時期に世の中で大きな事件が発生してメディアがあまり取り上げないなど、外部要因によって価値への影響度が変わる場合もあるため、状況に応じて価値を測る必要があります。

　セキュリティリスク対策は、まず発生可能性をどれだけ抑え込めるかにかかっています。発生可能性は脅威と脆弱性で決まるわけですが、脅威は外的要因がほとんどで、なかなかコントロールしにくいものです。一方で、脆弱性は比較的コントロールしやすいと言えます。脆弱性の情報は世の中に多く公開されており、それに対応するためのセキュリティパッチをきちんと当てていけば脆弱性を低下させることが可能だからです。それにはセキュリティパッチの適用状況を数値で「見える化」することも大切で、なんとなく場当たり的に対応するよりもアクションにつなげやすくなります。それには後述するような、ダッシュボード導入による情報共有や可視化も有効です。なお、脅威に対応するには時間がかかりますが、まずは第三者評価を実施するのもよい方法です。比較的始めやすく即効性のある取り組みの1つですので、これを足がかりに次のアクションへつなげやすいのが特徴です。

3-2-2　NECグループの実践例（Three Lines Model）

セキュリティ対策の強化ポイント

　さまざまなセキュリティリスクがあるなかで、企業はどのようにセ

キュリティ対策を進め、セキュリティリスクを受容可能なレベルにまで下げているのでしょうか。

　その一例として、NEC グループの取り組みをご紹介します。

　NEC グループでは、NEC グループ経営ポリシーの下、「情報セキュリティ基本方針・規程」を策定しています。その方針に沿って、「アウェアネス（一人ひとりの意識と正しい行動）」「インテリジェンス（攻撃情報を入手し事前に防御）」「レジリエンス（早期に検知・対処・復旧）」を実践することで、パーパスに掲げている「安全・安心・公平・効率という社会価値を創造」が実現できると考えています。

　サイバー攻撃と防御は "いたちごっこ" で、どんなに完璧に防御したつもりでも、それを上回る新しい攻撃手法が登場します。インテリジェンスで先回りした対策を講じ、レジリエンスによって、攻撃をいかに早期に検知し、対処・復旧できるかが問われます。

　また、前章の 2-2-1 でも触れましたが、アウェアネス（意識、気づき）向上が重要だと考えており、そのための活動に力を入れています。たとえば、セキュリティの感度を上げる教育を全社員に実施したり、全社・部門ごとのセキュリティ対応状況を可視化したダッシュボード（パッチの適用率やサイバー攻撃のトレンド情報などを掲載）を共有したりしています。

サイバーセキュリティ管理体制

　NEC グループでは、情報セキュリティ戦略会議議長を務める CISO の下、全社の情報セキュリティを推進する体制を敷いています。また、CISO と連動する「Co.EX（コーポレート・エグゼクティブ）」を置き、特に経済安全保障に関して CISO を補佐します。CISO と Co.EX は、情報セキュリティ戦略会議や情報セキュリティ推進会議といった会議体を通じて、経営に関わる情報セキュリティの意思決定を行います。

　また、CISO 統括オフィス、サイバーセキュリティ戦略統括部、コン

プライアンス推進部といった統括部門があり、国内の各事業部に対して、意思決定に必要な情報提供などで支援します。

少し離れた立ち位置では、CDI（サイバーディフェンス研究所）やセキュリティに特化したグループ会社のNECセキュリティが存在し、セキュリティ対策チームと連携して対応に当たっています。

NECの情報管理の考え方（Three Lines Model）

こうした活動を支えるのが、「セキュリティプラットフォーム（ゼロトラスト）」「セキュリティ人材」「セキュリティマネジメント（NECグループ・お取引先様）」の3つです。この役割・責任を明確化して管理するために、3つのディフェンスラインでセキュリティを守っていく「Three Lines Model」という考え方を採っています。

第1ディフェンスラインはリスクオーナーである事業部門です。NECには金融、航空宇宙・防衛、医療、リテールといったさまざまな部門があり、その事業部門ごとにセキュリティの責任者を置いて管理します。

各事業部門は日々の業務において情報セキュリティ管理を行い、リスク事象から生じた結果について責任を負います。また、重要情報の指定・管理運用を担います。

第2ディフェンスラインはリスク管理部門です。各事業部門に任せ切りにするのではなく、リスク管理部門が事業部門に対して、リスクおよび管理状況の監視（点検）を行ったり、リスク管理上のアドバイスを行ったりします。また、重要情報管理の点検も担います。

第3ディフェンスラインは内部監査部門です。定期的に監査を実施し、独立した立場で合理的な保証を与えます。たとえるなら、監査法人のような存在です。さらに、重要情報管理の監査も担います。

このように3つのラインによって、双方が連携・チェックし合いながらセキュリティを管理しているのがNECの情報管理におけるポイントの1つです。

NECのセキュリティ対策の考え方（見える化）

　NEC では、セキュリティ対策の基本は「数えること（見える化)」だと考えています。数えられないものは管理できませんので、きちんと数値化して管理可能な状態にし、そして対策の不足を認識したり対応の進捗を把握したりするのです。

　たとえば、社員数や派遣社員数、PC の台数や被害に遭った PC の台数、秘密情報や個人情報がある場所と内容などは基本的な管理対象です。

　「数える」ことの効用には、以下のようなものがあります。

・適切な対策が立てられる
・費用対効果の最大化
・投資の説得力大
・「動かぬ証拠」がある
・進捗の見える化
・重点ポイントの明確化
・効果を定量化できる
・施策の徹底ができる
・共通の明確な目標を持てる
・理解と協力が得やすい

脅威インテリジェンスの活用

　世の中で発生しているサイバー攻撃に関する情報を収集し、対策や注意喚起を行ってプロアクティブな行動を促しています（図表3－⑩)。たとえば、フィッシング攻撃の情報であれば、メールのタイトルや送信元の IP アドレスを共有して対策に活用します。

脅威インテリジェンスの活用

業界や世界の脅威動向を踏まえた包括的な
サイバーインテリジェンス(戦略的/運用的/技術的)を活用し、事前防御を実現

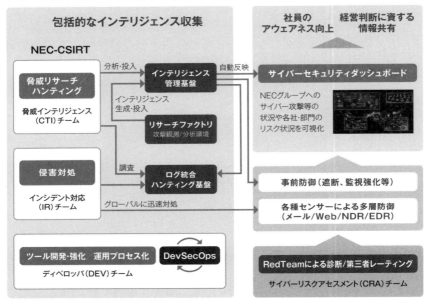

ランサムウェア攻撃対応マニュアル

　ランサムウェアによる攻撃が活発化していることを受けて、被害を受けた場合に関係部門が迅速かつ的確に対応するための『ランサムウェア攻撃対応マニュアル』を整備しました。これはランサムウェア感染時のNECとしての対応を整理した内規で、Three Lines Model の考え方を踏まえた責任・役割分担、各部門における実施事項等を記載しています。

図表 3-⑪ **セキュリティ人材のタレントマネジメント**

発掘、採用、育成、配置を包括的に行う

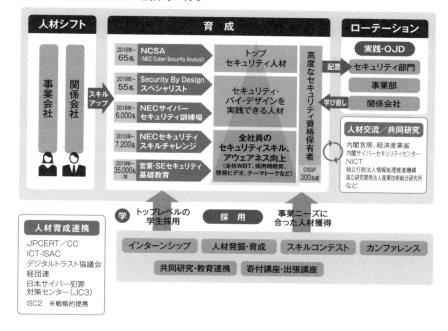

セキュリティ人材のタレントマネジメント

　人材育成に関しては、図表3-⑪の体系で発掘、採用、育成、配置を包括的に行っています。基礎的な教育からセキュリティのトップ人材を育てる教育まで、目的に応じたさまざまな施策を実施しています。

　セキュリティの最終防衛ラインは社員一人ひとりですので、アウェアネスの向上も非常に大事な活動です。CISOによる情報発信や啓発ビデオ視聴によるグループディスカッション等を通じて、一人ひとりと危機意識を共有し、正しいリスク認識に基づく行動を促進しています。

サプライチェーンのセキュリティ全体像

　お客様情報を守るために、図表3-⑫で示すようにお取引先と一体となった情報セキュリティ対策の浸透や是正を推進し、サプライチェーン全体のセキュリティレベルを向上させています。

　「③作業従事者の管理」にあるように、NECではお客様情報を守るためのドキュメント『お客様対応作業における遵守事項』を作成しています。これはNECグループから委託された業務に従事する作業者が守るべき対策を定めたもので、誓約してもらうことで対策実施を徹底しています。

図表3-⑫ ┃ サプライチェーンのセキュリティ全体像

お客さま情報を守るために、お取引先と一体となった情報セキュリティ対策の浸透や是正を推進し、サプライチェーン全体のセキュリティレベルを向上

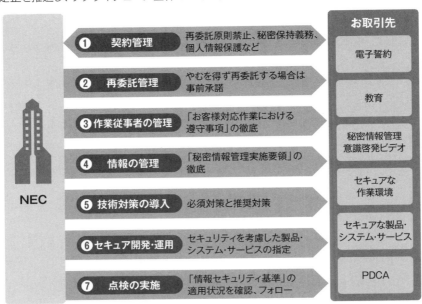

　「⑦点検の実施」では、全調達先約2万社のうち約4,000社を管理対象に定め、セキュリティ対策および状況の把握を行っています。そのうち約半数には自己点検を依頼し、もう半数には調達統括部・CISO統括オフィスが書類点検（約2,000社を対象に質問への回答を依頼）や訪問点検（重要な委託先の約300社を対象にインタビューや確証確認）を毎年実施し、点検結果に基づいて改善を依頼しています。

3-2-3 ## セキュリティ課題と解決へのアプローチ

現在のセキュリティ対策が抱える課題と「データドリブン」での解決

　本章のテーマである実効性の観点で現在のセキュリティ対策を見渡してみると、部分最適の繰り返しが大きな課題になっています。システムや業務データが分散し、部分最適での対策が繰り返されることでログデータも分散してしまい、システム全体でのセキュリティ運用・監視が困難になっているのです（図表3-⑬）。

　また、プロセスの分断も課題です。セキュリティ対策の導入時に運用プロセスが十分に考慮されておらず、現場の実態が把握できない状態となり、セキュリティリスクが潜在化しています。セキュリティリスクが潜在化すると、適切なセキュリティリスクマネジメントやインシデントの早期発見・早期対処が困難になってしまいます。

　こうした課題を解決するためのキーワードは、「データ起点（データドリブン）」です。網羅的に収集した実データを起点に（＝部分最適による分散の解消）、「今」のセキュリティリスクを可視化・監視し、運用を踏まえた実践的な対策・改善を継続すること（＝プロセス分断の解消）がサイバーセキュリティ経営のカギなのです。

　データドリブンによって網羅性・可観測性の高いセキュリティリスクマネジメントが可能になりますし、セキュリティリスクを経営イシュー

図表 3-⑬ 現在のセキュリティ対策が抱える課題 〈部分最適の繰り返し〉

分散したシステムや業務データに対し部分最適での対策が繰り返されることで
ログデータも分散するため、システム全体でのセキュリティ運用・監視が困難に

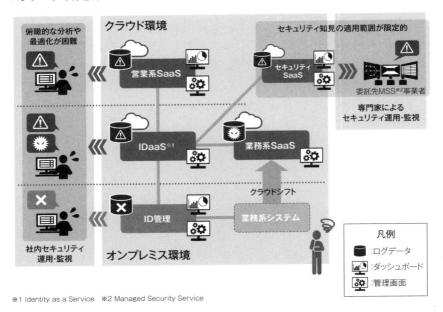

※1 Identity as a Service　※2 Managed Security Service

として把握し、対応につなげられます。

　ダッシュボードの導入は「可視化」によるアウェアネス向上とプロアクティブな対策を講ずるのに有効ですが、そのインプットである各種情報を収集するためにも、部分最適で散在しているデータを統合的に扱える仕組みが必要です。言い換えると、ダッシュボードの導入はデータドリブンでセキュリティ対策を行うための活動にもなります。

「データドリブンサイバーセキュリティサービス」

　ダッシュボードのような形で「見える化」して情報を集め、まず数えられる状態にし、追加の対策を継続的に打ち続ける PDCA の活動を、

図表 3-⑭ 新サービス
「データドリブンサイバーセキュリティサービス」

お客様が保有する実データを起点した専門家による分析、可視化により
セキュリティ戦略策定支援から導入、運用・監視・対処までをEnd to Endで提供

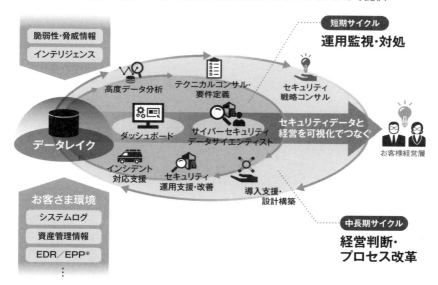

※Endpoint Detection and Response, Endpoint Protection Platform

NECでは「データドリブンサイバーセキュリティ」と呼んでいます。

　それをソリューション化したのが「データドリブンサイバーセキュリティサービス」（図表3-⑭）で、お客様が保有する実データを起点とした専門家による分析・可視化により、セキュリティ戦略策定支援から導入、運用・監視・対処までをエンドツーエンドで提供しています。2023年4月の提供開始以来、非常に多くのお客様からお問い合わせをいただいており、経営層の方々も強い関心をお持ちのようです。

　このサービスのポイントは、大きく以下の3つの提供価値によって、日々のセキュリティ運用を円滑にするとともに、お客様のデータドリブンでのサイバーセキュリティ経営をご支援できることです（図表3-⑮、3-⑯）。

〈提供価値①：サイバーセキュリティ経営〉

リアルなセキュリティデータによる可視化と分析から「今」を知り、全体最適でのセキュリティリスクマネジメント、セキュリティガバナンスを実現

図表 3-⑮ データ起点による課題解決の必要性

加速する業務DXに追従し、分散するシステムやデータを守り続けるためには、まず「今何が起きているか」をデータ起点で把握し、分析、対策することが必要

図表 3-⑯ データ起点によるセキュリティ経営の実現

リアルなデータを可視化し、「今何が起きているか、どういう状態か」を知り、「データでリスクを把握し続ける」ことがセキュリティ経営判断、対応につながる

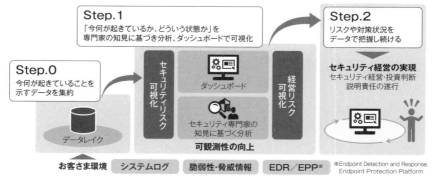

〈提供価値②：運用・インシデントレスポンス〉

　膨大かつ多様なセキュリティデータの解析により、迅速にインシデントを検知、特定、復旧し、インシデント被害を最小化

〈提供価値③：セキュリティ対策〉

　継続的なセキュリティデータの分析にもとづき、お客様に適したアーキテクチャ、セキュリティ運用サイクルの改善を提供

　経営者にとって最大の関心事は、サイバーセキュリティのリスクをいかに許容可能なレベルに下げていけるかではないでしょうか。セキュリティのリスクをきちんと「可視化」し、ガバナンスを効かせていくのに役立つ、経営者の期待に応え得るサービスとなっています。

　一方で、運用やインシデントレスポンスなどに携わるセキュリティ管理部門やセキュリティ担当者にとっては、対応に必要な情報を日頃から正しく集めたり、インシデント発生時に被害を最小化したりすることが重要です。そのための機能や支援も、このサービスには含まれています。

　「データドリブンサイバーセキュリティサービス」は、データ起点という性質上、「お客様のどのセキュリティデータを可視化するか」から始める必要があります。このため、まずは個別相談からのスタートとなります。

　基本メニューは「データドリブンマネージドセキュリティサービス」で、2つのサービスを提供します。

・**統合セキュリティダッシュボード**
　ーセキュリティデータの収集、可視化
　ー経営リスク可視化ダッシュボード
　ー情報セキュリティモニタリングダッシュボード
・**統合セキュリティ監視・分析**
　ーセキュリティデータ収集、管理と監視
　ーインシデント発生時のアラートと対処案提示

―サイバーセキュリティデータサイエンティストによる高度な相関分
　　　析、対処案提示

　また、オプションメニューとして、コンサルティングやアウトソーシ
ングなどのサービスも提供しています。

・セキュリティテクニカルコンサルティング

　セキュリティ経営に関するコンサルティング。リアルな監視データを
ベースにした高度な分析結果を基に、テクニカルコンサルがお客様に最
適なセキュリティアーキテクチャ、セキュリティ運用プロセスを立案

・各種セキュリティ対策サービス

　脆弱性管理、SASE、EDRなどのサイバーセキュリティ対策機能。さ
らに、セキュリティ監視サービスを付加して提供

・セキュリティ運用アウトソーシング

　セキュリティ運用のアウトソース、人的リソース支援

・インシデントレスポンス

　インシデント発生時の対応支援

　これらのメニューを組み合わせることで、データドリブンを起点とし
たセキュリティ対策の全体最適化が可能です。まずはセキュリティログ
の監視による可視化からですが、そのログを数えられる状態（管理可能
な状態）にし、経営視点の改善に向けたコンサルティングを経てセキュ
リティ対策を実施するまでのサイクルを繰り返す運用を確立します。万
が一インシデントが発生した場合にも、NECがお預かりしているログ
を基に事象を把握し、速やかに復旧に向けたアドバイスを行います。

ダッシュボード項目と支援内容の例

　基本メニューで構築するダッシュボードは、データドリブンによるリスク対応と全社員のセキュリティアウェアネス向上を目的に、ダッシュボードによる可視化からアクションにつなげるセキュリティ経営の実践を可能にします。また、このダッシュボードは「経営リスク可視化」「情報システムモニタリング」の２つの視点を持っているため、投資判断やセキュリティガバナンスの強化にも役立てられます（図表３-⑰）。

　ダッシュボード上に並ぶ項目のうち、経営層が気になると思われる項目が、「第三者スコア」と「ブランドへの脅威」です。

　第三者スコアとは「Attack Surface Management」と呼ばれる分野の取り組みで、第三者機関がインターネットからの観測に基づいた組織ごとのセキュリティ対策のスコアとその推移を確認し、スコアの紐ときや改善に向けての優先度を考慮した具体的な対応策を提示するサービスです。最近は取引先（特に外資系メーカー）からセキュリティ対策を評価されることが多くなっており、日本の製造業も第三者評価に注目し始めています。

　ブランドへの脅威とは、自社の名をかたるフィッシングサイト（偽サイト）などの発生状況を確認するもので、偽サイトのテイクダウン対応を支援します。

　テイクダウンとは偽サイトを停止させる行為で、偽サイトの運営者が利用しているISP（Internet Service Provider：インターネットとの接続サービスを提供する事業者）や専門機関に依頼します。NECのお客様の中には、1000以上の偽サイトが見つかったケースもあり、テイクダウンを依頼して対処してもすぐに新しい偽サイトが登場しています。それでも可能な限り対処を続けることが企業のブランドイメージにとって重要です。

【NEC事例】～サイバーセキュリティ ダッシュボードによるカルチャー変革～

リスクの可視化・アクション

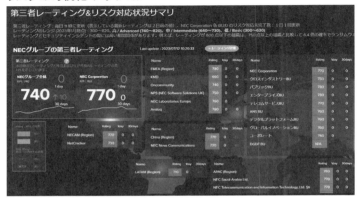

- 第三者評価によるリスクの可視化
- ガラス張りによる自律的なアクション
- 組織単位のスコアやステータス可視化
- ベンチマークによる立ち位置の把握
- 常に変化するリスクへの対応

脅威の可視化・アウェアネス

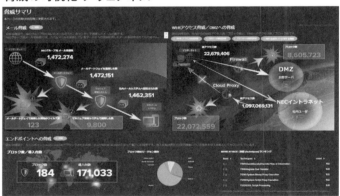

- NECに対するサイバー攻撃状況を可視化
- 全社員の危機意識の醸成
  （16万アクセス/意識向上96%※）
- セキュリティ部門のエンゲージメント倍増※
- ファクトベースのパフォーマンス
- ステークホルダーへの投資効果共有

※NECサーベイより算出

3-3

ガバナンスを効かせる

| 3-3-1 | サイバーセキュリティに必要なガバナンス |

企業におけるガバナンス（統制・統治）

　企業組織の運営に不可欠な各種ガバナンスは、次のように定義されます。この中でのポイントは、「情報セキュリティガバナンス」は一般的に「コーポレートガバナンス」の一部に位置づけられるため、企業全体の組織活動の中で情報セキュリティの目的や戦略を考え、事業と目線を合わせて整合を取る必要があるということです。

〈コーポレートガバナンス〉
　企業において経営の健全性を管理・監督する仕組み。上場企業の場合は、金融庁や東京証券取引所等がガバナンスの導入を求めている項目である。

〈情報セキュリティガバナンス〉
　コーポレートガバナンスの一環としての、企業内における情報セキュリティの内部統制の仕組み。情報セキュリティのため、IT以外の要素も含まれている。
　国際標準として「ISO/IEC 27014」では、「組織の情報セキュリティ活動を指導し、管理するシステム」と定義されている。
　ー情報セキュリティの目的および戦略を事業の目的および戦略に合

わせて調整（整合）することが必要。
－法制度、規制および契約を遵守する必要。

〈IT ガバナンス〉
　情報セキュリティガバナンスと同様に、コーポレートガバナンスの一環として、企業における IT の内部統制の仕組み。国際標準として ISO/IEC38500 にて定義されている。

ITセキュリティガバナンス

　情報セキュリティガバナンスや IT ガバナンスを導入しても、対応が必要な項目が多いため、ガバナンスが十分に効いていない企業も少なくありません。グループ会社や子会社を持つ場合には、特にガバナンスの浸透は難しいようです。
　そこで情報セキュリティガバナンスのうち、IT のみに焦点を当ててガバナンスの浸透を図るのが「IT セキュリティガバナンス」です。各種ガバナンスがある中で図表３−⑱のような位置づけです。

図表 3-⑱ **IT視点の情報セキュリティガバナンスの仕組み**

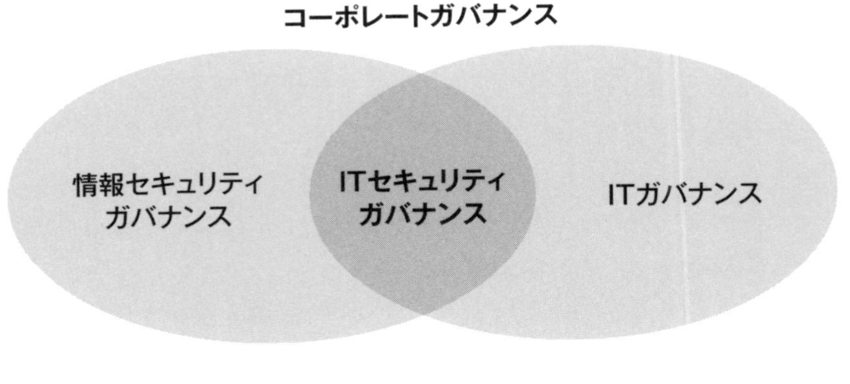

コーポレートガバナンス

情報セキュリティ
ガバナンス

ITセキュリティ
ガバナンス

ITガバナンス

　このITセキュリティガバナンスを支えるのは、次の3つの要素です。

①ITセキュリティポリシー

　ITセキュリティガバナンスの根幹となるポリシーを定義したもの。セキュリティポリシーの内容は、「何を守るか」「どうやって守るか」を詳細に規定していく必要がある。

②運用・管理体制

　ITセキュリティポリシーで決められた内容を実行する運用体制の確立が必須となる。また、実運用の中でITセキュリティポリシーが正常に適用されているかを管理・監視するための体制を別途準備する必要がある。

③ツールとプロセス

　ITセキュリティポリシーの運用・管理を実行していくため、自動化・フロー化を行うことを検討する必要がある。ITセキュリティガバナンスの中で使用するツールの明確化と運用や管理を行うプロセスを規定していく必要がある。

情報セキュリティガバナンスの国際標準

〈ISO／IEC 27014〉

　情報セキュリティガバナンスの国際標準であるISO／IEC 27014には、情報セキュリティガバナンスを実現するためのフレームワークが定義されており、その中で4つのガバナンスプロセスを説明しています（図表3－⑲）。

　経営陣は経営陣以外の業務執行幹部に対して、戦略や方針を指示し、その結果どのような実績につながったのかをモニタリングし、評価を行います。ガバナンス目標を実現するには、このプロセスを継続的に回すことが必要です。

図表 3-⑲ [参考]情報セキュリティガバナンスの国際標準 (ISO/IEC 27014)

**情報セキュリティガバナンス目標を
実現するための4つのガバナンスプロセス**

■**評価する（Evaluate）**
・現在のプロセス及び計画された変更に基づいて、
現在の目標達成及び予測される目標達成を検討し、
将来の戦略的目標を実現するために調整が必要な
箇所を決定するガバナンスプロセスになっているか

■**指示する（Direct）**
・経営陣が事業体の目標及び戦略を支持するガバナ
ンスプロセスになっているか。指示には、資源提供
レベルの変更、資源の配分、活動の優先順位付け、
及び、方針・重大なリスクの受容・リスク管理計画
の承認などが含まれる

■**監視する（Monitor）**
・経営陣が、戦略的目標の達成度を評価することがで
きるガバナンスプロセスがあるか

■**伝達する（Communicate）**
・経営陣と利害関係者が、特定のニーズに応じた情報
を交換する双方向のガバナンスプロセスがあるか

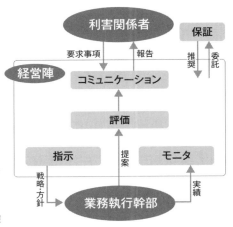

情報セキュリティガバナンスモデル

[参考] https://japan.irca.org/media/category02/ISO27014_2020

　マネジメントシステムでよく使われる PDCA に似ていますが、この
ガバナンスプロセスでは「評価」が Plan と Action、「指示」が Do、「モ
ニタ」は Check に相当します。

　また、一般的な PDCA と大きく異なるのが「コミュニケーション」で、
利害関係者（顧客や株主など）へ報告したり、要求事項を受けたりする
プロセスが存在します。図中には表現されていませんが、業務執行幹部
や従業員とのコミュニケーションも含まれます。

〈NIST『Cybersecurity Framework』〉

　もう１つ、サイバーセキュリティの分野で主要なフレームワークと
なっているのが、「NIST『Cybersecurity Framework』」で、米国国防

116

総省が取引先に対して対応を義務づけています。この中でもガバナンスに関する定義があり、IPA では次のように解説しています。

・識別（ID）- ガバナンス（ID.GV）
　自組織に対する規制、法律、リスク、環境、運用上の要求事項を、管理し、モニタリングするためのポリシー、手順、プロセスが理解されており、経営層にサイバーセキュリティリスクについて伝えている。

ID.GV-1：組織のサイバーセキュリティポリシーが定められ、周知されている
ID.GV-2：サイバーセキュリティ上の役割と責任が、内部の担当者と外部パートナーとで調整・連携されている
ID.GV-3：プライバシーや人権に関する義務を含む、サイバーセキュリティに関する法規制上の要求事項が、理解され、管理されている
ID.GV-4：ガバナンスとリスクマネジメントプロセスが、サイバーセキュリティリスクに対処している

　先ほど紹介した ISO ／ IEC 27014 に登場した４つのガバナンスプロセスと比べると、使われる用語も似ており、内容も大きな違いは見られません。

3-3-2　NEC グループのサイバーセキュリティに関するガバナンス

　ここまで、情報セキュリティガバナンスの考え方や必要な要素を紹介してきました。では、実際に企業ではどのようにして実践されているのかを、IT セキュリティガバナンスを支える３つの要素ごとに NEC グループの実例を用いて解説していきます。

①ITセキュリティポリシー

　サイバーセキュリティの一丁目一番地であり、すべての指針の根幹になっているのが『NECグループ情報セキュリティ基本方針』です。この基本方針はシンプルな内容になっており、これを土台に具体的な方法を示しているのが、社内セキュリティ対策の「情報セキュリティ基本規則（全社規定）」、お客様向けSI（システムインテグレーション）・サービスおよび当社製品のセキュリティ対策の「サイバーセキュリティ管理規定」、サプライチェーンのセキュリティ対策の「NECグループお取引様向け情報セキュリティ基準」です。

　こうした規定を策定しただけでは意味がなく、その内容が実践されなければなりません。

　NECの場合、規定のなかで従業員の罰則規則を設けており、規定が守られなかった場合には懲戒処分の対象となることを明記し、規定の影響がおよぶ対象者に周知しています。

　また、これらの規定を具現化するために、図表3-⑳の体系で基準・

図表3-⑳ **サイバーセキュリティ管理規程 関連ドキュメント体系**

サイバーセキュリティ実施基準を適用するためにマニュアルや技術ガイド等の
コンテンツを提供

従業員罰則規定を伴うルール

- 規程：セキュリティ提案・実装を徹底するために組織が構築する体制や、実施するプロセスについて規定
- 基準：セキュリティ提案・実装の根本的な考え方を表し、NECグループのセキュリティ提案・実装に対する基準
- マニュアル：基準の内容をプロジェクトに適用するための方法や部門標準に組み込むための方法について説明
- 技術ガイド：基準が要求しているセキュリティ対策を実施するための技術的な内容を説明

マニュアル・技術ガイドを策定しています。一律的な対策が講じられるわけではなく、案件の規模や各国の法律などに応じて、対策が必要なことと不要なことを調整していく必要がありますので、こうしたドキュメントは柔軟性を持たせた設計にしてあります。

②運用・管理体制

　CxO を置いて業務を管掌する組織体系が広まっていますが、これは情報セキュリティでも採用されており、経済産業省の『サイバーセキュリティ経営ガイドライン』も CISO が中心になって推進することを前提に説明しています。

　NEC グループの情報セキュリティ推進体制も例外ではなく、前節3-2-2で紹介したとおり CISO をトップに据えています。

　『NEC グループ情報セキュリティ基本方針』および3つの規定は、CISO が中心となって図表3－㉑に示す各ワーキンググループとともに見直しや運用を行っています。ただし、CISO をはじめとする情報セキュリティ関係の役員は施策の実行までを担当することはできませんので、指示を受けた CISO 統括オフィスが対処する体制を敷いています。

　NEC の組織体系で特徴的なのは、役員級である「Co.EX（コーポレート・エグゼクティブ）」が CISO を補佐していることです。これは NEC グループの従業員数や海外も含めた拠点の状況を踏まえ、CISO が1人では対応し切れないと考えているためです。Co.EX は CISO 統括オフィスとともにサイバー攻撃を監視し、インシデント発生時には迅速に収拾を図る CSIRT を統括します。

　有事の際のエスカレーション体制は、インシデントが発生すると窓口である CISO 統括オフィスに情報が入ります。

　CISO 統括オフィスおよびサイバーセキュリティ戦略統括部で調査・分析を行った結果、大きなインシデントだった場合は、セキュリティ担当 Co.EX が議長を務める重要度判定会議を開き、重要度に応じて全社員向け事業継続支援アプリなどで周知したり、セキュリティステアリン

図表 3-㉑ NECグループ情報セキュリティ推進体制

CISO*1及びCo.Ex*2の下、情報セキュリティ管理推進体制を構築。CISO統括オフィス/CSIRT*3を
CISO/Co.Ex 配下に設置。情報セキュリティ戦略会議、国内・海外グループ向け推進会議等を運営
*1 CISO：Chief Information Security Officer　*2 Co.Ex：コーポレートエグゼクティブ
*3 CSIRT：Computer Security Incident Response Team　*4 PSIRT：Product Security Incident Response Team

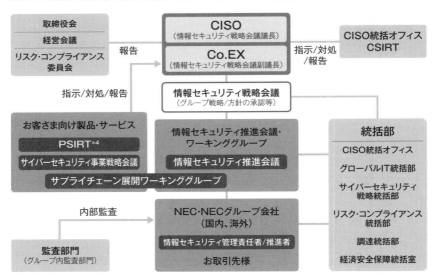

グコミッティメンバーにコラボレーションツールやセキュリティインシ
デントダッシュボードを通じて情報を共有したりするフローになってお
り、場合によっては直接 CISO やさらに CEO までエスカレーションを
行います。

　平時においては隔週で「サイバーセキュリティ事業戦略会議」を開催
しています。参加するのはセキュリティ責任者（お客様向けセキュリティ
対策を推進する役割）や情報セキュリティ管理推進者（社内のセキュリ
ティ対策を推進する役割）を中心とする約 400 名で、会議ではインシデ
ント事例やサイバーセキュリティのトレンドなどを共有してビジネスリ
スク低減に活かしたり、提案事例の共有や関連部門との連携強化でビジ
ネスにつなげたりしています。

この会議の主要メンバーであるセキュリティ責任者と情報セキュリティ管理推進者は、自身が所属する部門においてセキュリティ対策の中心的役割を果たします。

セキュリティ責任者は統括部ごとに選任され、提供者としてのセキュリティ対策を担います。お客様に提供する製品・システム・サービスのセキュリティを確保するためにセキュリティの提案、実装のプロセスの組み込みや改善、プロジェクトへの支援、社外の事件事故対応などを行っています。

情報セキュリティ管理推進者は部門ごとに選任され、利用者としてのセキュリティ対策を担います。全社基準を遵守するために、全社情報セキュリティ推進計画に基づいた運用、情報セキュリティ遵守事項の点検、社内の事件事故対応などを行います。また、社内の情報セキュリティルール遵守、セキュリティ意識向上なども対象としています。

かつてセキュリティ責任者を置いていたのは、実際にお客様が利用しているシステムや製品を持つ事業部門のみでしたが、昨今では PoC（概念実証）を行う研究所や企画・提案を行うための情報を持つ営業部門などにも広がっており、「サイバーセキュリティ事業戦略会議」の参加対象者も増えました。

③プロセス・ツール

前章 2-2-2 で触れたように、NEC グループではサイバー防衛能力の第三者評価を毎年実施し、施策の見直しに役立てています。

一方で、お客様にシステムやサービスを提供する際には、セキュア開発・運用の審査プロセスを定義し、実施状況を確認しています。企画・提案から運用・保守に至るまでの各工程で審査を行い、基準を満たしていることをチェックリストで確認します。

この他にセキュリティ点検も実施しており、社内・グループ会社向けでは CRA（脆弱性診断やペネトレーションテスト）、セキュリティマネジメント監査、外部サーバ監査、ツールを使ったクライアント端末のリ

スク可視化などがあります。社外向けシステムについては、危険度の高い脆弱性公開時の点検や、インシデント起点での緊急点検を行います。また、重要インフラ事業者のお客様が狙われやすい国際イベントの前には、そのインフラシステムを点検しています。

このうち、セキュリティ責任者による脆弱性対応モニタリングでは、VPS（脆弱性予防管理システム）を活用しています。VPSはプロジェクトのシステム構成製品に脆弱性が出た場合、担当者に代わってタイムリーに情報を収集し、配信するためのシステムです（図表3-㉒）。

コミュニケーションに関しては、ステークホルダーに向けてNECが行うセキュリティ対策の全体像を公開する『情報セキュリティ報告書』を年1回刊行しています。

また、社内外を問わず注目すべきインシデントが発生すると、常務以上の役員（会長まで）が参加するコラボレーションツールで情報共有を行っています。

そして、正常な危機意識を植え付けるための活動も実施中です。役員級が出席する月次の予算執行会議では、CISOからサイバーセキュリティの施策や注意喚起などを伝えてもらい、事業執行部内で周知。また、マ

図表3-㉒ ▎VPS（脆弱性予防管理システム）

プロジェクトのシステム構成製品に脆弱性が出た場合、
担当者に代わってタイムリーに情報を収集し、配信するためのシステム
VPS : Vulnerability Preventive management System

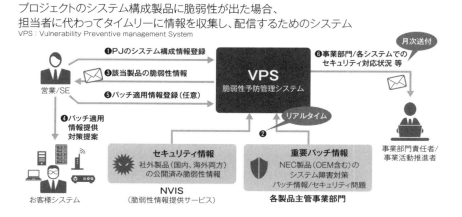

ンスリーレポートやサイバーセキュリティ事業戦略会議などの会議体を通じたインシデントの共有も主要な活動です。こうして危機意識を正しく持つことは、ガバナンスを利かせるために重要です。

　サプライチェーンについては本章3-2-2でも紹介しましたが、お客様情報を守るために、お取引先に7項目の対策を求めてサプライチェーン全体のセキュリティレベルを向上させています。書類点検と訪問点検を実施し、改善が必要な課題に対するフォローアップを行ってお取引先のレベルアップを図っています。

　こうしたNECグループが実施しているサプライチェーンのサイバー防衛強化の取り組みは、日本経済新聞などメディアにも取り上げられるなど注目されています。サプライチェーンのサイバーセキュリティ対策でよりどころとなる「NECグループお取引様向け情報セキュリティ基準」が、米国国防省が取引を行う民間事業者に対して対応を求める「NIST『Cybersecurity Framework』」に沿った内容であることや、点検の取り組み、原則として再委託を制限して統制を取りやすくしていることなどに価値を見出しているようです（図表3-㉓、図表3-㉔）。なお、基準の見直しや大きな改定の際には、お取引先が基準に対応するまでに時間を要することを見越して、3年間の移行期間を設けて取り組みを進めています。

海外拠点におけるガバナンス運用・管理体制

　海外拠点でもガバナンスを効かせるために、国内と同様にCISOとCo.EXを中心とする体制を敷いています（図表3-㉕）。

　かつては国内組織の中にあるグローバル関係のビジネスユニットに「グローバルITヘッド」、各現地法人や各リージョン（地域）には「リージョナルCISO」などの役職者を置き、担当領域のセキュリティ管理を統括していましたが、現在はインシデントの監視・対処はNEC全社で統一的に行う必要があると考え、グローバルSOC／CSIRT組織を運

図表 3-㉓ ①契約管理

NECグループとお取引先様との間で、
秘密保持義務などを含む会社間の包括契約(基本契約)を締結

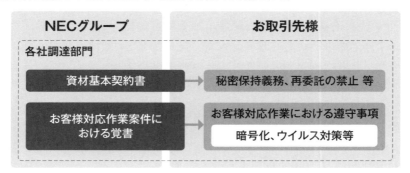

図表 3-㉔ ②再委託管理

お取引先様は、委託元から書面による事前承諾を得ない限り、
第三者に再委託してはならない旨、基本契約で締結

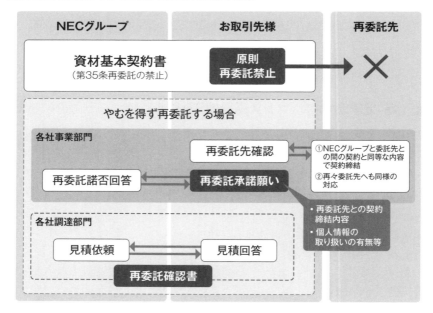

図表 3-㉕　グローバルセキュリティ体制の強化

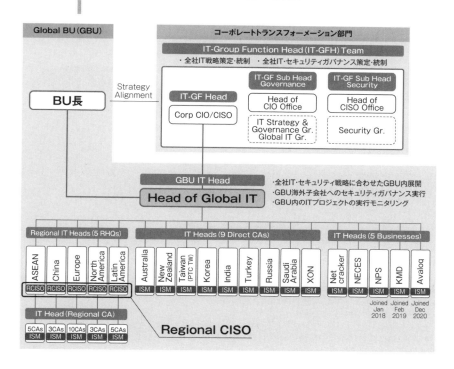

　用するようになりました。拠点をシンガポールに置き、イントラネット加入の現地法人を対象に、24時間365日体制でインシデントへの対応を可能にしています（図表3-㉖）。
　セキュリティポリシーについては、国内と同じように経営ポリシー（NECグループ基本方針、規程）を整備していますが、各国で法規制が異なり企業規模もさまざまであることから、現地のガバナンスを優先して柔軟に運用できる内容にしてあります。

図表 3-㉖ 社内IT対策
グローバルSOC/CSIRT体制

海外現地法人に対するサイバー攻撃の監視・対処指示を行うグローバルSOC/CSIRTを
シンガポールに整備。日本のCSIRTと連携してインシデント対応を実施

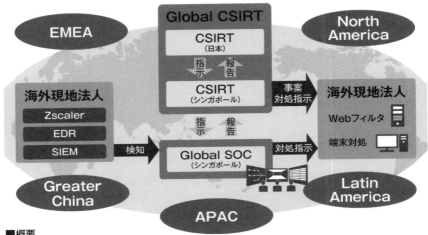

■概要

- NECイントラネット加入の海外現地法人 約50法人をカバー
- ガバナンスの観点から各法人には情報セキュリティマネジャー(ISM)のアサインを義務付け［主要法人にはCISO設置を義務付け］
- 主要な共通セキュリティツールとしてEDR、パッチ管理ツール(Tanium)を展開。ZscalerによるクラウドProxyや FWのSIEM連携・解析基盤を整備［Proxyはクラウドタイプをほぼ全ての法人に展開しインターネット境界を本国が直接防御］
- ログ監視・解析、EDR監視の24/365化によりグローバルのIR体制を運営

3-3-3 | セキュリティガバナンスの課題

セキュリティガバナンスの理想と現実

　理想的なセキュリティガバナンスの実現を思い描いても、それを具現化するには数多くの困難を乗り越えなければなりません。NEC の経験や一般論をまとめると、次のような課題が存在します。

①初めから全範囲を統一化することは困難

　ポリシーをすべての範囲（グループ企業、海外拠点など）に対して、いちどきに強制的に適用するのは困難です。本社とその他の組織では、構成の違いやセキュリティ対策に対する体制の違いが存在します。

〔対応の方向性〕

　セキュリティポリシーを適用可能な範囲から始めるようにします。関係部門・組織への丁寧な説明を行うこと、導入する際に各組織の声を吸い上げて実現可能なポリシーに改定していくことが求められます。

②体制や人員の疲弊

　既存の体制で新たなポリシーやカバーレッジを拡大すると、セキュリティ対策導入やセキュリティ運用の負担が増えて疲弊してしまいます。

〔対応の方向性〕

　定期的な体制の見直し、自動化や効率化による負担軽減、人員の育成を行います。

③時間とともに陳腐化・形骸化

　攻撃手法と防御手法は、ともに技術が変化します。また、法律や業界基準、顧客の要望など世の中の情勢に応じて、過去に策定したポリシーが陳腐化したりメンテナンスしないまま形骸化したりします。

〔対応の方向性〕

　定期的な見直しや周知を実施します。

人材の確保と育成

3-4-1 セキュリティ人材を取り巻く環境

セキュリティ人材の需給実態

　よく「セキュリティ人材が足りない」と耳にしますが、実際に人材はどの程度不足しているのでしょうか。ISC2という団体のレポートによると、世界では約399万人、APACでは約267万人が不足しています（図表3－㉗）。

　一方で、供給される人材は2022年に約39万人だったのが、2023年

図表 3-㉗ **世界のサイバーセキュリティ労働力の需給ギャップ**

2023年世界におけるサイバーセキュリティ人材不足
3,999,964人 前年比12.6%増

欧州
347,761人
前年比9.7%増

北米
521,827人
前年比19.7%増

アジア・太平洋
2,670,316人
前年比23.4%増

中東・アフリカ
111,801人
前年比7.1%減

南米
348,259人
前年比32.5%減

（出所）ISC2

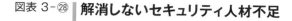

図表 3-㉘ 　解消しないセキュリティ人材不足

セキュリティ人材不足数の各部門とスキルレベルとのマッピング

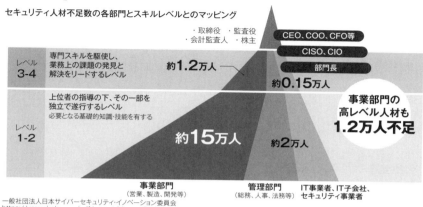

一般社団法人日本サイバーセキュリティ・イノベーション委員会
https://www.j-cic.com/pdf/report/Human-Development-Plus-Security.pdf を元にNEC作成

には約48万人です。約9万人増えていても人材不足とのギャップが広がっているわけですから、需要に対して供給のペースが追いついていないと言えるでしょう。

　これとは別の国内で発表されたレポートをいくつか確認してみると、日本の人材不足は約18万人～19万人と、より深刻な数字が導き出されていました（図表3-㉘）。セキュリティ人材の不足は明らかです。

3-4-2　セキュリティ人材を育成する取り組み

セキュリティ人材育成のための情報

　セキュリティ人材不足の状況を前に、もちろん手をこまねいているわけではなく、人材を育成する、さまざまな取り組みが行われています。しかし、ただ漠然と「セキュリティ人材」で一括りに捉えていたのでは、本当に人材が足りないのか、頭数はそろっているのに必要なスキルが足

りないのかも判然としません。人材育成は、以下に紹介する情報を参考にして必要な人材像を明らかにすることから始めましょう。

〈サイバーセキュリティ・ポータルサイト〉

　内閣サイバーセキュリティセンター（NISC）では「サイバーセキュリティ・ポータルサイト」を通じて人材育成施策を発信しています（図表3–㉙）。対象者や獲得したいスキルごとに整理されているため、わかりやすく有用です。

〈統合セキュリティ人材モデル〉

　セキュリティ人材の中でも、特にサイバーセキュリティに従事する

図表 3-㉙ ┃ **人材の育成に対するさまざまな取り組み**

内閣サイバーセキュリティセンター（NISC）サイバーセキュリティ・ポータルサイトにおける
人材育成施策の発信　　　　　　　　　　　　　　　　※育成対象をわかりやすく整理して発信

専門人材について、必要な役割と能力を定義しているのが「統合セキュリティ人材モデル」です（図表3 - ㉚）。「NIST『Cybersecurity Framework』」が定めるセキュリティ対策への対応を前提に、NEC、富士通、日立が共同で策定しました。

　それぞれの能力を身につけるために必要かつ適切な教育プログラムを突き合わせることができるようになっています。

〈ITSS＋17分野とセキュリティ関連タスク等との対応表〉

　組織の中で求められるセキュリティに関わる役割をまとめたのが、経済産業省と独立行政法人情報処理推進機構（IPA）による資料です（図表3 - ㉛）。各組織や役割に求められる17のセキュリティ関連タスクと、実際に対応する部署（セキュリティ専門組織以外）を一覧で整理しています。

　ベースであるITSS+（セキュリティ領域）をIPAが次のように説明しています。

> セキュリティを生業とする「セキュリティ人材」のみではなく、デジタル部門、事業部門、管理部門等でセキュリティ以外の業務を生業とする人材がセキュリティ知識・スキルを学び、「プラス・セキュリティ」人材として活躍できるための"学び直し"の指針として活用できます。

　たとえば、法務部門の担当者であってもセキュリティと無縁ではなく、デジタル関連の法令やコンプライアンス対応、契約管理などの観点でセキュリティを意識して活動する必要があることを、この対応表では示しています。

図表 3-㉚ 人材の育成に対するさまざまな取り組み

統合セキュリティ人材モデル

人材像	説明
【CT】 セキュリティコンサルタント	セキュリティエンジニアリングの上流に位置し、経営課題や業務要件から、セキュリティに関するシステム仕様や運用仕様の方針を策定する。
【PL】 セキュアシステムプランナー	求められるセキュリティ要件を満たすシステムやアプリケーションの上流設計を担当する。対象領域は、システムアーキテクチャー、ネットワーク、サーバ、アプリケーション、データベースなど。
【DV】 セキュアシステムデベロッパー	セキュアシステムプランナーのアウトプットを引き継ぎ、セキュリティ要件を満たすシステム基盤の開発を担当する。対象領域は、システムアーキテクチャー、ネットワーク、サーバ、データベースなど。
【AD】 セキュアアプリケーション デベロッパー	セキュアシステムプランナーのアウトプットを引き継ぎ、セキュリティ要件を満たすシステム基盤の開発を担当する。対象領域は、アプリケーション、データベースアクセスなど。
【MG】 セキュリティマネージャー	ISMSに代表されるセキュリティマネジメントシステムの整備および運用を担当する。
【AU】 セキュリティオーディター	ISMSに代表される セキュリティマネジメントシステムのマネジメント監査整備を担当する。
【SR】 システムリスクアセッサー	対象のICTシステムが直面するセキュリティリスクを分析し、適切なセキュリティ対策選択の指針を示す。
【PT】 ペネトレーションテスター	対象のICTシステムに対して攻撃者視点で攻撃を試み、ICTシステムの弱点（脆弱性や危険性等）を把握し報告する。
【NR】 ネットワークリスクアセッサー	対象のICTシステムが直面するセキュリティリスクを分析し、適切なセキュリティ対策選択の指針を示す。
【RE】 リサーチャー	セキュリティ技術に対する各種の研究を行う。
【FE】 フォレンジックエンジニア	セキュリティインシデント発生時に、コンピュータ・フォレンジックプロセスに基づく詳細な調査を実施する。すでに侵害されたディスクイメージなどを採取し、また取得したイメージなどを解析し、攻撃者によっていつどのようなことが行われたのか解析を実施する。
【IA】 インテリジェンスアナリスト	セキュリティに関する外部情報を収集・分析し、ICTシステムへの影響度を把握する。また、インシデント発生時にその背景などを分析し、インシデントの重大性に対する判断材料を提供する。
【IR】 インシデントレスポンダー	セキュリティインシデントへの1次対処を行う。必要に応じて、インシデントハンドラーなどの他の人材像へのエスカレーション・引き継ぎを行う。
【SP】 セキュリティオペレーター	ICTシステムのセキュリティに関連する運用を担当する。

図表 3-㉛ ITSS+（セキュリティ分野）で定義されている17分野

| | | ユーザ企業における組織の例 | サイバーセキュリティ関連タスクの例 | タスクに対応するサイバーセキュリティ関連分野 | | |
				サイバーセキュリティ対策に関するタスクの割合が高いもの		サイバーセキュリティ以外のタスクが占める割合が高いもの
経営層		取締役会 執行役員会議	・サイバーセキュリティ意識啓発 ・対策方針指示 ・ポリシー・予算・実施事項承認	セキュリティ経営（CISO）	デジタル経営（CIO/CDO）	企業経営（取締役）
戦略マネジメント層		内部監査部門（外部監査を含む）	・システム監査 ・セキュリティ監査	セキュリティ監査	システム監査	
		管理部門（総務、法務、広報、調達、人事等）	・BCP対応 ・官公庁、法令等遵守対応 ・記者・広報対応 ・調達・契約・検収 ・施設管理・物理セキュリティ ・内部犯行対策			法務
					経営リスクマネジメント	
		セキュリティ統括室	・リスクアセスメント ・ポリシー・ガイドライン策定・管理 ・サイバーセキュリティ教育 ・社内相談対応 ・インシデントハンドリング	セキュリティ統括		
		経営企画部門 事業部門	・事業戦略立案 ・システム企画 ・要件定義・仕様書作成 ・プロジェクトマネジメント		デジタルシステムストラテジー	事業ドメイン（戦略・企画・調達）
実務者・技術者層	設計・開発・テスト	デジタル部門／事業部門（専門事業者への外注を含む）	・セキュアシステム要件定義 ・セキュアアーキテクチャ設計 ・セキュアソフトウェア方式設計 ・テスト計画		デジタルシステムアーキテクチャ	
			・基本・詳細設計 ・セキュアプログラミング ・テスト・品質保証 ・パッチ開発 ・脆弱性診断	脆弱性診断・ペネトレーションテスト	デジタルプロダクト開発	
	運用・保守		・構成管理、運用設定 ・脆弱性対応 ・セキュリティツールの導入・運用 ・監視・検知・対応 ・インシデントレスポンス ・ペネトレテスト		デジタルプロダクト運用	事業ドメイン（生産現場・事業所管理）
			・現場教育・管理 ・設備管理・保全 ・初動対応・原因究明・フォレンジック ・マルウェア解析 ・脅威・脆弱性情報の収集・分析・活用	セキュリティ監視・運用		
	研究開発		・セキュリティ理論研究 ・セキュリティ技術開発	セキュリティ調査分析・研究開発		

※クラウド、アジャイル、DevSecOps等により境界は曖昧化の傾向
※チップ／IoT・組み込み／制御システム／OS／サーバ／NW／ソフト／Web等の取り扱う技術の種類や事業分野により、タスクやスキルは大きく異なる
（出所）経済産業省「サイバーセキュリティ体制構築・人材確保の手引き」（第2.0版）

3-4-3 現場の課題感とアプローチ

課題感の背景と対処するための4つのアプローチ

　行政や民間企業が人材の需給ギャップを縮めようとしているにもかかわらず、むしろ広がっている状況のなか、どのようなアプローチで対応すればよいのでしょうか。

　まずは、現場で発生している課題を挙げてみましょう。IT部門への要求、セキュリティに関わる人が直面する課題には、次のようなものがあります。

〈ITの急速な発展やDXの推進が求められる中で……〉
―新たに発生するリスクは何があるか？
―新たに要求されるセキュリティは何か？
―もしもに備える体制の構築はどうすればいいのか？（体制を作るのも「人」）
―社内のさまざまな関係組織にセキュリティを理解してもらうにはどうすればいいのか？（技術だけで語っても通じない）
―インシデントが発生してしまった（どのように対処すればいいのか？回復作業の予算は確保しておらず保険に入っていなかったが、高額な費用が発生しそうだ）

〈セキュリティに関係する人（≠セキュリティ人材）のロールとタスクを、組織に対応させて明確に定義することは難しい〉
　これらを眺めていると、「課題への対処ができず、組織にはノウハウが蓄積されていない」、あるいは「セキュリティの知識や技術を持っていても解決が難しい」といった現場の感覚が人材の不足感を強めているように思えてきます。

　先ほど挙げた課題に対する各論は各方面の議論に委ねることにして、ここでは人材育成の観点で4つのアプローチを提案します。

① 「あ、なんかまずいかも？」　セキュリティアウェアネス
② 「具体的になにをすればいいのか？」　プラス・セキュリティ
③ 「いつやればいいの？」　セキュリティ・バイ・デザイン
④ 「どうやればいいの？」　社会情勢の変化などから必要なセキュリティ
　実装は何かを考えて実践する力

①セキュリティアウェアネス

　セキュリティアウェアネスについては本書で繰り返し触れてきましたが、改めて説明します（図表3－㉜）。
　アウェアネスとよく対比されるリテラシーは、ある分野における知識や理解力であり、網羅的・体系的で、技術的要素を含むことがあります。
　一方で、アウェアネスはある事象に関する気づきや意識で、事象にフォーカスしており、技術的要素は薄いと言えます。言い換えると、「あ、なんかまずいかも？」と気づくことだと思います。

図表3-㉜　セキュリティとアウェアネスを高める

リテラシー

- ある分野における知識や理解力
- 網羅的、体系的
- 技術的要素を含むことがある
- トレーニングでスキルを習得

アウェアネス

- ある事象における気づき、意識
- 事象にフォーカス
- 技術的要素は薄い
- 継続的気づきを得る体験

交差点のたとえ話でもう少し噛み砕くなら、「青信号の交差点を渡っていても、右折してくる車はあるかもしれないということを知っていて、"気をつけなきゃ"と思えること」であり、そのセンスをトレーニングするのがアウェアネストレーニングです。

　セキュリティを生業にしていない人たちが、「あ、なんかまずいかも？」と思うセンスを高めると、必然的にセキュリティのリスクは下がっていくと考えられます。次々と攻撃手法が編み出される昨今、それに対処できるマニュアルの整備やシステム面の対応を待っている余裕はなく、「あ、なんかまずいかも？」と気づくセンスを養うことが必要です。

　NECではアウェアネス向上の取り組みとして、CISOによる情報発信や啓発ビデオ視聴によるグループディスカッションなどを行っており、社員一人ひとりと危機意識を共有し、正しいリスク認識に基づく行動を促進しています。

　なお、啓発ビデオが目指すのは、指示やルールに従うだけでなく、現場のリスク状況等を自ら考え、判断して主体的に行動を起こそうとする自律考動型のセキュリティ意識を身につけることであり、そのために次の3点を意識して制作しています。

・臨場感を持って現場を疑似体験
・知識や危機意識を共有し、メンバー間で議論・整合
・危機意識レベルを理解し、リスクに気づく感覚を向上

　啓発ビデオの例として、取引先から電話がかかってきて「至急、資料が欲しい」と依頼された場合に、慌てて個人情報の残ったファイルをメールで送ってしまうシーンなどがあります。

　また、CTFと呼ばれるゲーム形式でアウェアネスを醸成するために、「NECセキュリティスキルチャレンジ」を開催しています。たとえば、技術者が自分たちの作っているシステムに関して、どのような脆弱性があるのかを発見するための知識や感覚を磨きます。セキュリティに配慮した設計や実装は専門チームが担うことが一般的なので、まずはどの技

術者もセキュリティを身近に感じてもらうために、楽しくセキュリティに触れてもらう入り口という位置づけです。

②プラス・セキュリティ

アウェアネスを高めて異常に気づいた後、次は具体的な行動をとれるようになることが求められます。ここでのキーワードは、本章3−4−2でITSS＋を説明した箇所でも登場した「プラス・セキュリティ」です（図表３−㉝）。企業・組織内でDXを推進するマネジメントに関わる人材層をはじめとして、ITやセキュリティに関する専門知識や業務経験を必ずしも有していない人材に対してセキュリティ知識をプラスするという概念です。

DXの進展によって事業部門でデジタルとの関わりが広がっていくと、おのずと事業部門の人材もセキュリティ関連業務との関わりが深くなっていくため、その点において、セキュリティやITの専門人材との協働が求められるようになります。その際には、事業部門の人材と専門人材との相互理解が欠かせないため、事業部門の人材が専門人材の役割と自身の役割を理解し、自身の役割を実践できる人材に育成するのです。

図表３-㉝　**プラス・セキュリティ**

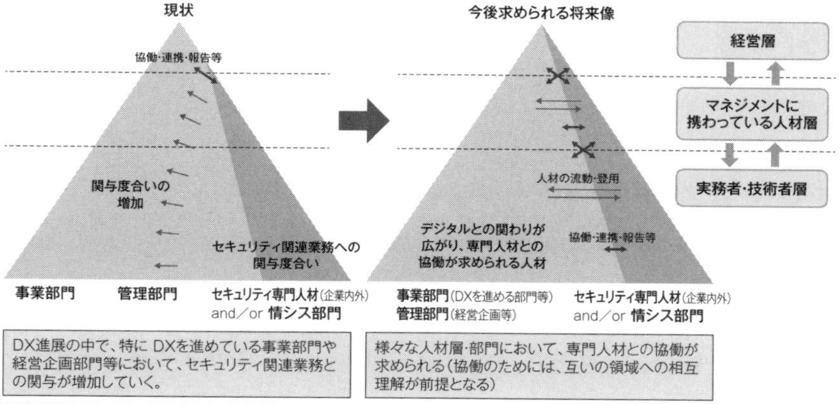

（出所）内閣サイバーセキュリティセンター（NISC）

NECはITベンダーでもありますので、主に企画段階を担う人材には「セキュリティ対策の重要性を正しく認識し、その必要性を的確に伝えることができるスキルを獲得するプログラム」を、設計・開発を担う人材に関しては「システムに適切なセキュリティ対策を実装し、適切な設計・開発・運用を行うためのスキルを獲得するプログラム」を実施しています。知識とスキルを学ぶだけでなく、さらに何をしなければいけないのかを考える能力を養うことも目的にしています。

③セキュリティ・バイ・デザイン

　「いつやればいいの？」に対応するセキュリティ・バイ・デザインの実践は、システムを構築するビジネスの現場に当てはめてイメージしてみてください。

　まず構想があり、それから予算編成を行い、システムの企画をして、調達へとフェーズが進んでいきます。このビジネスプロセスが進めば進むほど制約条件は多くなるため、ビジネスの早期から適切にセキュリティを組み込むことが不可欠です。まだ制約が少ない企画段階からセキュリティも意識して、システムに組み込んでいくべきなのです。

　これは数多くのお客様から調達仕様書を受け取ってきた経験に基づいた発想です。この段階でセキュリティ要件がきちんと考慮されていないケースが多く、後から組み込もうとすれば予算に収まらず、システムのコンセプトにまで影響してしまうことも珍しくありませんでした。

　このセキュリティ・バイ・デザインの考え方は、重要な考え方としてIPAやデジタル庁からもガイドラインが発行されています。

IPA　セキュリティ・バイ・デザイン導入指南書

https://www.ipa.go.jp/jinzai/ics/core_human_resource/final_project/2022/security-by-design.html

政府情報システムにおける　セキュリティ・バイ・デザインガイドライン

https://www.digital.go.jp/assets/contents/node/basic_page/field_ref_

resources/e2a06143-ed29-4f1d-9c31-0f06fca67afc/2a169f83/20220630_
resources_standard_guidelines_guidelines_01.pdf

**④社会情勢の変化などから必要なセキュリティ実装は何かを考えて実践
する力**

　システムが完成するまでには場合によっては数年かかることもありま
すので、つくっている時点でのリスクではなく、数年後のリスクまで見
通しておくことも必要なスキルです。そこで、さまざまな情勢の変化か
ら「次は何が起こるのか」を感じ取り、「何をすればよいのか」を考え
て実践できる能力を養っていく必要があります。

　NEC グループではその実践の１つとして、世界共通の「考え方」を
学習し実践する能力を身につけ、それを裏づける ISC2 の資格「CISSP」
の取得を推奨しています。

3-4-4　セキュリティ専門人材のキャリアパス

専門人材が関わる領域の変化

　一部のトップ・オブ・トップのセキュリティエンジニアは別としても、
現在のセキュリティ専門人材は現在自分が関わる領域で生き残っていけ
るとは限らないように思われます。特定スキルに偏重したキャリアでは、
供給過多になったり時代遅れになったりする恐れがあり、生き残るため
には、常に変化する状況へ対応するスキルを獲得し続けなければなりま
せん。幼少期からデジタルに慣れ親しんだ世代との考え方のギャップも、
セキュリティ専門人材の寿命に影響するでしょう。

　また、脳の情報処理は 18 ～ 19 歳、短期記憶は 25 歳、他人の感情を
予測する能力は 40 ～ 50 代、結晶性知能は 60 ～ 70 代がピークとも言わ
れており、年齢とともに発揮できる能力は異なります。

このような理由から、専門人材が関わる領域は変化していくはずです。
　では、どのようなキャリアパスが考えられるでしょうか。プラス・セキュリティの説明で使用した図表3－㉝では、セキュリティ専門人材は実務者・技術者層に位置づけられていますが、領域を広げてマネジメントに関わったり事業部門と関わったりすることが必要になってくるでしょう。セキュリティ専門人材は、従来の「IT」と「セキュリティ」の関係以外に、DXに関わるさまざまな組織や人材との結びつきができるため、「コミュニケーション対象が変化」するとも言えます。たとえば、ソフトウェアエンジニアだけでなく、デザイナー、ビジネスアーキテクト、データサイエンティスト、AIエンジニアなどとのコミュニケーションが発生します。そうなると、今までの知識、スキル、経験の積み上げは通用しにくくなります。
　これは著者自身や業界の知人を見ていても、積み上げの連続だけではつまずいてしまっている感覚があるからこその指摘です。
　場合によってはキャリアチェンジが選択肢に入るかもしれません。既存の仕事の信念やルーティンをいったん棄却し、新しいスタイルを取り入れる「アンラーニング」を人材育成に適用がすることが効果的だと思われます。
　また、関係者が増えることで衝突の機会も増えるため、組織内での対立をポジティブに捉えて問題解決を図る「コンフリクトマネジメント」の能力を育成することも効果的でしょう。

第4章

Cyber Security

実践のためのシステム管理

4-1

対策をデザインする

4-1-1 「ゼロトラストモデル」による対策の必然性

境界防御モデルからゼロトラストモデルへ

　経営層の指揮の下に描いたサイバーセキュリティ対策をいかに「実践」するかについて、第3章では主に「体制」「ガバナンス」「人材」の観点で解説しました。ところが、組織面を整えただけでは、激化するサイバー攻撃を迎え撃つことは困難であり、システム面でも「実践」可能なアーキテクチャを取り入れて実装しなければなりません。

　そのため、第4章ではシステム上での対策の考え方、情報収集、対策の維持について説明します。

　序章と第1章で紹介したとおり、DXやクラウドの進展を背景とするシステムの複雑化、攻撃者の目的の変化や手口の発達などによって、サイバー攻撃による被害の拡大が深刻化しています。かつての常識が通用しなくなった現在、安全なシステム設計を目指すには、根底にある考え方からアップデートしなければ太刀打ちできません。

　そんな時代におけるシステム設計のキーワードは「ゼロトラスト」です。この言葉は経営層の方も見聞きする機会があるのではないでしょうか。ただし、認知は広がっているものの、誤解も少なくないようですので、まずはサイバーセキュリティ対策の前提でもあるゼロトラストについて解説します。

　「ゼロトラスト」は何か特定のツール、あるいは機能分類のことでは

ありません。一言で表現するなら、「安全なシステム設計を実現する考え方」です。

ゼロトラストモデル以前の考え方は「境界防御モデル」が主流であり、読者の企業でも採用していたはずです。ネットワークを境界で分け隔て、脅威が境界の中（社内ネットワーク）に入らないようにし、信頼できるネットワークの安全を保とうとする考え方です。「境界を守る」考え方とも言えます。

ところが、新型コロナウイルス感染症（COVID-19）の影響もあってクラウドの利用やテレワークが加速し、オンライン上のネットワークが複雑化しました。同様に、ビジネスやサプライチェーンも複雑化しています。企業の管理が十分に及ばないネットワークやデバイスからのアクセスも増えた結果、社内と社外で明確にネットワークを分けられなくなり、そもそも境界を決められない状況になってきました。

どこかセキュリティ対策が弱い部分から侵入されると、どんどんシステムの中枢まで入り込まれてしまい、大きな被害につながります。もはや、境界ベースでは管理し切れなくなり「境界の内部なら信頼できる」とは言えなくなってきたのです。

そこで「内部ネットワークも侵害されているかもしれない」という発想の下、「脅威を境界で分け隔てしない考え方」を前提とするのがゼロトラスト（＝暗黙の信頼をしない）モデルです。

脅威に対する捉え方が変わったことで、「安全なシステム設計においてどのようにトラストを構築していくか」という考え方を大きくアップデートする必要がでてきます。それゆえにゼロトラストは、サイバーセキュリティにおけるパラダイムシフトだと言われているのです。

ここで誤解しないでいただきたいのは、ゼロトラストによって境界が不要になるわけではないということです。

ゼロトラストではリソースにフォーカスする

境界防御モデルは、ネットワークにフォーカスした対策で、安全なネッ

トワークを構築して、その中に安全に入ることに重点を置きます。ネットワークの出入り口で厳密なチェックを実施し、脅威が境界の内側に入らないようにコントロールするのです。

　一方、ゼロトラストモデルは、リソースにフォーカスして、リソースを安全に利用することに重点を置きます。

　とても当たり前のことを言っていると感じるかもしれませんが、「これまでとはコントロールすべき粒度感が変わるのだ」と捉えていただいて差し支えありません。

　ビジネスに置き換えて例えるなら、会社単位にフォーカスするのが境界防御モデルで、そこで働いている一人ひとり、あるいは動いているビジネスプロセス一つひとつにフォーカスしてマネジメントするのがゼロトラストモデルです。

　ゼロトラストにおけるリソースにフォーカスした安全なシステム設計では、「認証・承認されたアクセス要求元のサブジェクトだけが所望のリソースにアクセスできる状態」をつくります。言い替えれば、「組織のネットワークからのアクセスだから」「会社のPCだから」という理由でリソースへのアクセスを許可しない設計であり、ゼロトラストは「リソースアクセスにおける不確かさを排除するアーキテクチャ設計方針」とも表現できます。

　「サブジェクト」とは、ユーザー、アプリケーション、デバイス、これらの組み合わせのことで、アクセスする側のことです。一方、「リソース」（オブジェクト）とは、メインとなるのはデータですが、他にも組織の資源である計算リソース、プリンターのような機器、IoTで駆動する機器なども含まれます。

ゼロトラストを実現する3つの要素

　境界防御モデルでの認証は、IDとパスワードでのチェックが一般的でした。さらにゼロトラストモデルでは、どんな時間帯に、どんな場所から、どんなネットワークを使ってアクセスをしてきているのかも含め

て、総合的に判断してアクセスを許可するようにします。

　アクセスされる側のネットワークやシステムにも配慮が必要です。厳格な認証の仕組みを通ってきたアクセスであっても、アクセスされる側が適切な粒度で管理されていなければリソースを守ることはできません。

　オフィスに例えてみましょう。ビルの出入り口だけをチェックしている場合、そこを通ってしまえば、どのフロアのどの部屋にも入ることができてしまいます。ゼロトラストではこの粒度を細かくし、フロアごとや部屋ごとに細かく分割して入退を管理していきます。

　ゼロトラストモデルにおけるサブジェクトからリソースに至るまでの流れは、図表4-①のように表現できます。よく「ゼロトラストでは認

図表 4-①　ゼロトラストモデルの考え方

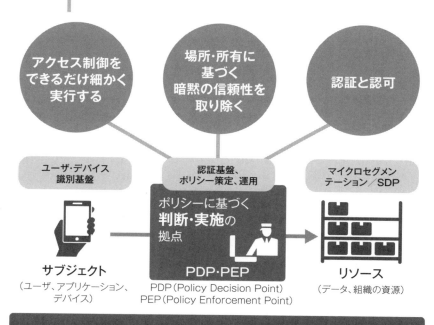

アクセス制御をできるだけ細かく実行する

場所・所有に基づく暗黙の信頼性を取り除く

認証と認可

ユーザ・デバイス識別基盤

認証基盤、ポリシー策定、運用

マイクロセグメンテーション／SDP

ポリシーに基づく**判断・実施の**拠点

サブジェクト
（ユーザ、アプリケーション、デバイス）

PDP・PEP
PDP（Policy Decision Point）
PEP（Policy Enforcement Point）

リソース
（データ、組織の資源）

ID管理・アクセス制御はゼロトラストセキュリティの基盤となる対策

証が変わる」と理解している方がいますが、それだけでは不十分です。大きく３つの要素「ユーザー・デバイス識別基盤」「ポリシー策定・運用」「マイクロセグメンテーション／SDP※」がかみ合って、初めてゼロトラストが実現できるのです。

※ SDP（ソフトウェア・デファインド・ペリメタ）：ネットワークの境界をソフトウェアで仮想化して制御し、構成を動的に変更できる技術

　認証についてさらに詳しく知るには、NIST の「ゼロトラストアクセスモデル」が参考になります。信頼できない領域にあるサブジェクトから、信頼できる領域内に置いてあるリソースまでの間に、ポリシーに基づく判断（PDP：ポリシー・ディシジョン・ポイント）・実施（PEP：ポリシー・エンフォースメント・ポイント）の拠点を置き、その中で次の３つの処理を行うモデルです。

①アクセス制御をできるだけ細かく実行する
②場所・所有に基づく暗黙の信頼性を取り除く
③アクセス要求に対する判断と実施は認証と認可で実現する

　アクセス要求の判断については、複数の信頼性レベル（認識レベル、対策レベル、承認レベル）を考慮して行われます。これは動的なリスクベースのポリシーに基づいて行われ、さまざまな観点で判断されることになります。
　たとえば、認証レベルを高めるために、サブジェクトが本物なのかを ID とパスワードだけでなく、二要素認証や生体認証などを組み合わせて確かめます。
　また、対策レベルでは、サブジェクトが置かれているセキュリティの状態を高めるために、「最新のパッチが当たっているか」「セキュリティ保護の仕組みが導入されているか」といったことを考慮に入れます。さらに、「アクセスを許可するにあたり十分にサブジェクトの特定ができ

ているか、どこまで許可するか」という判断を行います。それ以外にも、時間や場所なども考慮して、総合的にアクセス要求を判断します。夜間には世界的に見てインシデントが多くなることから、一時的に夜間のアクセスを制限するのもその1つです。

　ただ、現実には一気に構築できる企業は多くありません。まずは「認証から」「構成管理から」というふうに始めることになりますが、そのときに重要なのはゼロトラストモデルの全体像を把握した上で「今、自社がどのような状況にあるのか」を正しく捉えることです。そうでなければ、その進め方が適切なのか、次にどの取り組みを行うのかといったことがわからなくなってしまうからです。

　このとき、システムが稼働を続け、日々のビジネスを動かしながらゼロトラストへの移行を実施することになりますから、経営層も状況を把握しながら推進することが求められます。

4-1-2　データドリブンでのセキュリティ対策

部分最適での対策が障壁に

　前章の3-2-3では、現在のセキュリティ対策が抱える課題として、システムや業務データの「部分最適の繰り返し」が生じていることを指摘しました（図表4 −②）。

　ゼロトラストモデルのサブジェクトについては、ユーザーは自社だけでなく協力会社の従業員がおり、デバイスもパソコンのほか、スマートフォンやタブレット、IoT 機器など多岐にわたります。リソースも「オンプレミスとクラウド」といったアーキテクチャの違いだけでなく、「SaaS と自社サーバ」のように運用主体の違いもあります。

　こうした分散しているものを管理しようとすれば、どうしても部分最適になりがちです。

図表 4-② 現在のセキュリティ対策が抱える課題〈部分最適の繰り返し〉

分散したシステムや業務データに対し部分最適での対策が繰り返されることで
ログデータも分散するため、システム全体でのセキュリティ運用・監視が困難に

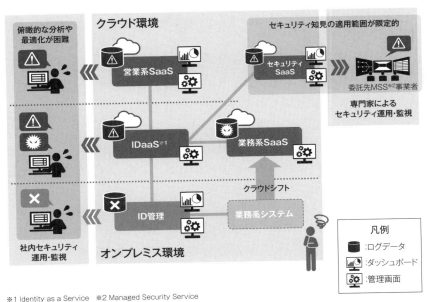

※1 Identity as a Service　※2 Managed Security Service

　また、世の中で大きなインシデントが発生したと聞くと、「うちは大丈夫なのか？」と気になって、その部分だけの対策を重ねてきたような企業も少なくありません。インシデントベースのセキュリティ対策は、さらなる部分最適化の原因にもなります。

　ある部分だけを見て「問題なし」と判断していたのでは、全体ではコストがかかり過ぎてしまったり、実は足りない部分があったりする可能性があります。

　また、セキュリティ対策ソリューションの導入や運用においても、モニタリングのプロセスが分断してしまって、時系列での全体像が見えなくなってしまいます。

　部分最適のシステムでは全体像が見えにくいため、全体像を見なけれ

ばならない経営層にとっては致命的なデメリットがある状態だと言えますし、ゼロトラストの実践においても経営層にとっての強固な障壁となります。

データドリブンでの運用・監視

　システム全体の状況を俯瞰してセキュリティの運用・監視を行うためには、「データドリブン」をキーワードに課題解決を図るのが1つの方向性です。具体的にはダッシュボードを中心に据えたデータの集約・可視化が有効だと考えられます。

　まずは静的なシステム構成のような、今収集できるデータからで構いませんので、サブジェクトとオブジェクトの情報を集めて一元管理していきます。そして時系列で俯瞰するためにも、分散しているログや動作状況といったデータを網羅的に集約します。

　これらを可視化して専門家が分析することで、経営層は全体のリスクやシステムの現状、さらに時系列で見たときの全体像を見渡すことができるようになります。その結果、「自社がどの程度安全なのか」「何が起きているのか」「投資は適切か」、あるいは「セキュリティの観点だけではなくビジネスプロセスの非効率がないか」などを把握して、適切な経営判断を下すことができるようになるのです。

　なお、NECグループのダッシュボードでは、第三者評価のスコアや、世の中で日々発生している脅威情報などを全社員が見えるようにしています（図表4-③）。脅威に関するメニューでは、たとえば、過去24時間にファイアウォールでブロックした不正な通信、不正なメールのブロック、イントラネットから出ていこうとしている不正な通信のブロックといった状況がひと目で把握できるようになっています。リスクに関するメニューは、第三者のサービスを使った脆弱性のスコアも確認できます。社長やCISOも、このダッシュボードを起点に現状を把握し、判断に活用しています。

【NEC事例】〜サイバーセキュリティ ダッシュボードによるカルチャー変革〜

リスクの可視化・アクション

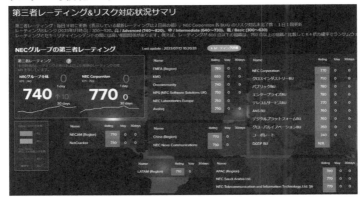

- 第三者評価によるリスクの可視化
- ガラス張りによる自律的なアクション
- 組織単位のスコアやステータス可視化
- ベンチマークによる立ち位置の把握
- 常に変化するリスクへの対応

脅威の可視化・アウェアネス

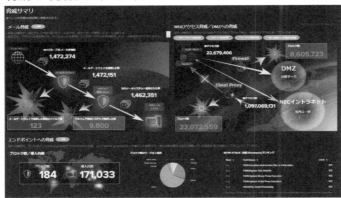

- NECに対するサイバー攻撃状況を可視化
- 全社員の危機意識の醸成
  （16万アクセス/意識向上96%※）
- セキュリティ部門のエンゲージメント倍増※
- ファクトベースのパフォーマンス
- ステークホルダーへの投資効果共有

※NECサーベイより算出

4-2

対策のための情報収集

サイバーセキュリティ対策における情報収集（全体像）

情報収集の全体像

　本節では、サイバーセキュリティ対策のための情報収集について、まず全体像を示した後、そのなかのポイントを1つずつ具体的に紹介していきます。

　まずは情報収集の全体像（図表4-④）について、概要を解説していきます。

①最高情報セキュリティ責任者（CISO）には、世の中の状況や情勢に合わせて適切なセキュリティリスク対策を施していく責任があります。状況や情勢は常に変化するものであり、それに追従してリスク管理をしていくためには情報収集が欠かせません。

②サイバー脅威（攻撃者の意図、攻撃者の能力、攻撃の機会）に関する情報を収集・分析し、リスクへの対応を行う上での意思決定に使っていきます。ここでの意思決定とは大きく2つの用途が考えられ、1つは経営層の一員としての経営判断やビジネスとして新しい領域の模索など、もう1つはセキュリティリスク対策の実施です。

③経営層向けの脅威インテリジェンスを経営視点での意思決定に活用し

ていくことが重要です。従来は「脅威インテリジェンス」と言うと、セキュリティリスク対策を運用する段階で活用する脅威インテリジェンス（IoC：侵害の痕跡データ、ルール、シグネチャ＝マルウェアを検知するためのデータなど）を指すことが一般的で、主な利用対象者はセキュリティオペレーションセンターやインシデント対応といった実行の現場でした。ここでの脅威インテリジェンスとはこれとは異なるタイプで、経営層が顕在化しているリスク、潜在的リスク、想定される影響、起こり得る可能性を把握し、リスク対策につなげていくような活用を意図しています。

④情報を収集するに当たっては、「何のために使いたいのか？」を明らかにすることがポイントです。情報は収集すれば使えるというわけではなく、魔法の杖でもありません。要件が不明瞭だとうまくいきません。

⑤必ずしもすべてを自分たちで収集・分析をする必要はありません。いわゆるインテリジェンスチームのように、全部の機能を自前でそろえる必要はないのです。「収集と分析を外部に頼る」「収集は外部に頼り、分析は自分たちで行う」というように、範囲を適切に決めて外部に頼りましょう。

　対策のための情報収集全体を通して、特に次の３点が重要であり、ポイントでもあります。

①脅威インテリジェンスを経営視点での意思決定へ活用していく
②要件を明らかにする
③適切に外部を頼る

　図表４－④の下部には、これらの「実現に必要な要素」を記しています。上部で示した全体像のサイクルを回していくには、人／チーム、プロセス、プラットフォーム、パートナーの４つの要素が不可欠です。ま

図表 4-④ **全体像（対策のための情報収集）**

経営意思決定機構
（経営会議・取締役会など）

提言

CISO

セキュリティリスクに
対する責任

リスクに基づく意思決定
（リスク管理）

**セキュリティ
リスク対策の指示**

対策実行者

サイバー脅威に関する
情報の収集・分析

CISO向け
（意思決定のための）
インテリジェンス
（顕在化しているリスク、潜在的なリスク
想定される影響、起こりうる可能性）

アナリスト

**対策実施のための
インテリジェンス**
（技術的な情報、IoC、
ルール、シグネチャなど）

サイバー脅威に
関する情報

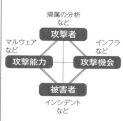
帰属の分析
など
攻撃者
マルウェア
など　　攻撃能力　攻撃機会　インフラ
など
被害者
インシデント
など

サイバー脅威の周辺に
関する情報の収集・分析

**外部環境／
PESTEL分析**
経済安全保障・防衛
環境問題
人権・社会問題
先進技術

事業環境
3C分析
SWOT分析

実現に必要な要素	人／チーム	プロセス	プラットフォーム	パートナー
活用に必要な観点	インテリジェンス リテラシー	セキュリティリスク 管理オペレーション	セキュリティツール と脅威インテリ ジェンスの統合	テクノロジー・ サービスとの連携
インテリジェンス 生成に必要な観点	インテリジェンス アナリスト インテリジェンス チーム	インテリジェンス サイクル	インテリジェンス プラットフォーム	インテリジェンス パートナーとの連携

た、「活用に必要な観点」「インテリジェンス生成に必要な観点」についてもまとめました。

4-2-2 サイバーセキュリティ対策における情報収集（各論）

CISO（最高情報セキュリティ責任者）とインテリジェンスの活用

　組織における CISO 設置の動きを振り返ると、2015 年に初めて『サイバーセキュリティ経営ガイドライン』が公開され、経営者が認識すべき「3 原則」と、経営者がセキュリティの担当幹部（CISO 等）に指示すべき「重要 10 項目」が示されたことで、その必要性が広く認知されるようになったのではないでしょうか。

　それまでのサイバーセキュリティは、ベンダーに任せ切りであることも珍しくなく、責任の所在がやや社外にあったように見受けられました。しかし、このガイドラインが公開された頃からは、サイバーセキュリティを自分ごととしてビジネスリスクを捉え、自分たちで主体的に守る姿勢へと変化していきました。CISO の設置は、その表れだと受け止められます。

　このような背景もあって、CISO には組織のセキュリティリスク管理を実施する責任があるわけです。そして、CISO は経営層の一員として経営判断も担い、セキュリティリスク対策だけではなく、リスクに基づく事業への進言も大切な役割です。たとえば、ある事業に受容できないセキュリティリスクが現れれば、事業の継続を判断することも求められます。

　そんな CISO を中心にサイバー攻撃の脅威から組織を主体的に守っていくには、情報の活用がポイントになります。サイバーセキュリティに関するさまざまな情報をリスク管理の意思決定に使うことになりますが、特にサイバー脅威に関する情報を「脅威インテリジェンス」と呼び、

脅威を特定し、脅威を評価し、脅威を封じ込める活動に欠かせません。

CISOにとって理想の状態とは

　CISO にとって「先が読める状態」は、セキュリティ対策を行うのに理想の状態だと言えるでしょう。「いつ、どこに、どんなサイバー攻撃が発生するか、どのような影響があるか」が事前にわかれば、最適な動きをすることができるからです。実際にはわからないのですが、「先が読めれば」という要望はいつの時代においても存在するものです。

　そんな理想を思い浮かべるときは、何かしらの意思決定が求められており、「今、何が起きているのか？」「この先、どうなるのか？」「今、何をすべきなのか？」「どのようにして実施するのか？」といったことを頭の中で描いているのではないでしょうか。

　実際には、「過去のナレッジを蓄積して、将来に生かす」「さまざまな事象を関連づけて可能性を導き出す」「仮説を立てて、根拠を基に検証していく」といった活動を繰り返し、できるだけ理想である「先が読めた状態」を目指しているはずです。

世の中の状況や情勢は常に変化

　世の中の状況や情勢が変わらないとすれば、目指す理想の状態に限りなく近づけることでしょう。ところが、「世の中の状況や情勢は常に変化する」という真理があり、その影響を受けてセキュリティリスクも変化し、そのギャップ（セキュリティ上弱いところ）も常に生まれ続けるため、それに対して適切な手だてを求められ続けます。

　この変化とギャップは「プロセス」「ヒト」「テクノロジー」という大きく３つの観点で語ることができます（図表４－⑤）。

　たとえば、「プロセス」であれば、コロナ禍で働き方が変わったり、テレワークが増えたりしました。テレワーク環境を急速に整備した際、リモート接続のために VPN 装置を設置したものの、設定に不備があっ

図表 4-⑤ | 世の中の状況や情勢は常に変化する

セキュリティリスクの変化、常にギャップ（セキュリティ上の弱いところ）が生まれ続ける

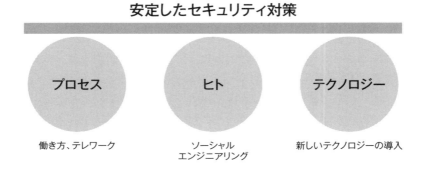

安定したセキュリティ対策

プロセス	ヒト	テクノロジー
働き方、テレワーク	ソーシャル エンジニアリング	新しいテクノロジーの導入

たことで、かなりの数のVPN（仮想専用通信網）装置が攻撃に遭ったようです。

　また、DXの潮流も大きな関心事ではないでしょうか。ビジネスプロセス自体が変わってくるため、当然ながら仕組みも変わってきます。そうすると、セキュリティの考慮が十分に行き渡らない部分が出てきますので、そこを突かれて攻撃されてしまう恐れがあります。

　「ヒト」の観点では、古典的な手法としてソーシャルエンジニアリング（重要情報を、ITを使用せずに盗み出す方法）があります。たとえば、従業員を装った電話に対し、「テレワークに必要なパスワードを忘れたので教えてほしい」という要望に応えてしまうのも、代表的なセキュリティリスクの1つです。

　「テクノロジー」では、新しいテクノロジーは今後も常に導入され続けるはずです。たとえば、生成AI「ChatGPT」が使われているエンジンを搭載したばかりのシステムにセキュリティ上の欠陥が潜んでおり、その部分を攻撃者が先に見つけてしまえば、そこを攻めてくることも当然考えられます。

　世の中の状況や情勢を的確に読み取って、セキュリティリスクを捉え

て対策し続けるためにも情報が必要なことは言うまでもありません。

サイバー攻撃に対するリスク対策の評価

　サイバー攻撃に対するリスク対策の評価は従来、ベースラインアプローチ※が基本的な考え方で、経験に基づいて作成したチェックリストやガイドラインに沿って対策を評価してきました。よく用いられるのが、CIS Controls、NIST サイバーセキュリティフレームワーク、ISO/IEC 27001、27002 などです。

※ベースラインアプローチ：既存の標準や基準をもとに、想定する典型的なシステムに対して、予め一定の確保すべきセキュリティレベルを設定し、それを達成するためのセキュリティ対策要件を定め、分析対象となるシステムの対策の適合性等をチェックする。
（デジタル庁「政府情報システムにおける セキュリティリスク分析ガイドライン 〜ベースラインと事業被害の組み合わせアプローチ 〜」）

　一方、先ほど指摘したように、リスクは変わり続けてギャップも常に生まれ続けます。そこで昨今ではベースラインアプローチだけでは不十分だとの認識の下、リスクベースのアプローチも加えて、両輪でリスク対策を評価しようという考え方が一般的になってきました。
　リスクベースアプローチには「ペネトレーションテスト（侵入テスト）」や「レッドチームアセスメント（専門家による疑似攻撃）」のような、実際にネットワークやシステムへの攻撃を仕掛けてみて、セキュリティホールや脆弱性がないかを確かめる方法があります。また、リスクアセスメントも方法の1つです。これらは特定の脅威・攻撃に対して、現在の対策で防御できているのか、どのような影響があるのかを検証するものです。

脅威インテリジェンスのタイプ

「脅威インテリジェンス」は、図表4-⑥の右側に例示したようなサイバー脅威に関する情報が元になっていますが、その読み解き方は受け取る側によって変化し、対策実施者向けと経営層向けでは情報のタイプが異なります。本章4-2-1の全体像でも概要を説明しましたが、強調するために改めて本項でも取り上げます。

対策実施向けの脅威インテリジェンスは、対策を実行していく上では当然必要な情報のことを指します。「技術的な詳細情報」と言い換えることもできます。これまでは「脅威インテリジェンス」と言うと、こちらをイメージする方が大多数だったでしょう。

一方で、経営層向けのインテリジェンスは、セキュリティリスク対策を指示するために必要なサイバーセキュリティリスクに関する情報を指します。「顕在化しているリスク」「潜在的なリスク」「想定される影響」「起こり得る可能性」などが相当します。

図表 4-⑥ 脅威インテリジェンスのタイプ

脅威インテリジェンスでも経営層向けと対策実施者向けでは情報のタイプが異なる

必要な情報は異なる

　各組織においてセキュリティリスクは異なるため、必要となる情報も異なります。また、多岐にわたるサイバー脅威に関する情報にはそのまま使えないものもあり、アナリストを通して初めて意思決定に資する洞察になる場合もあります。そのため、事業に沿った情報の収集と分析が必要となるのです。

質の高い情報はどこにあるのか

　各組織や事業が必要とする情報の源泉は、世のなかにあふれています。その中から質の高い情報を手に入れるには、どうすればよいのでしょうか。

　残念ながら、情報過多の時代にはノイズも多く、本質に迫った「ズバリ」と言えるような質の高い情報を直接取り出すのは困難です。膨大な情報の中から断片的に存在している使える情報を集めなければなりません。

　断片的な情報からは事実を知ることができますが、水面下に埋もれた情報も合わせた全容を捉えることで真実が見えてきます（図表4 −⑦）。このあたりを見極めながら、収集・分析を行って質の高い使える情報にしていきます。

意思決定に使える情報

　本書では経営層の関与や意思決定の必要性を繰り返し説いてきました。意思決定を行うには、さまざまな情報ソースを意思決定に資する情報（洞察）に仕立て上げていく必要があります。

　図表4 −⑧のように、情報ソースを収集・分析して、サイバー脅威に関する情報へと形を変え、最終的には意思決定に用いることができる洞察にまで仕立て上げていくのです。

質の高い情報はどこにあるのか

情報過多の時代ではあるが、ノイズも多く、なかなか本質にずばり迫った質の高い
情報というのはなかなかない、もしくは断片的に存在している

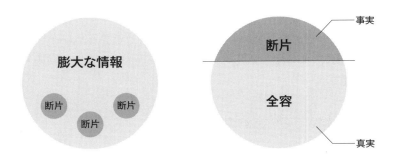

意思決定に使える情報

様々な情報ソースを活用して意思決定に資する情報（洞察）に仕立て上げる必要がある

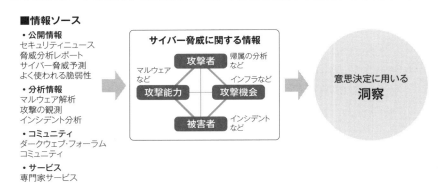

　本章ではサイバー脅威に関する情報を4つに分類し、「攻撃者と被害
者」「攻撃能力と攻撃機会」という2つの軸で表現しています（図表4
－⑧の中央）。
　「攻撃者」は、まず攻撃の帰属の分析を行います。これは「誰が攻撃

しているのか」「どういう組織に属しているのか」といったことで、さらにそこから意図や動機も探ります。

「被害者」とは、「どの組織が狙われるのか」「狙われてどのような被害に遭ったのか」といった情報です。

「攻撃能力」とは、マルウェアや侵入先のシステムがもともと持っている機能を使った攻撃（Living off the land と呼ばれている）の能力のことです。

最後に「攻撃機会」ですが、サイバー攻撃はインターネットを経由してきますので、攻撃に使われているインターネット上のインフラなどの情報を利用します。たとえば、DNS※（ドメイン・ネーム・システム）やサーバの登録状況などがあります。

これらの情報を組み合わせて、最終的には洞察に仕立て上げていきます。

※ DNS ＝ドメイン名と IP アドレスを結びつけるシステム。たとえば Web ブラウザに「https://jpn.nec.com/」とドメイン名を入力すると、DNS がインターネット上の住所（IP アドレス）に変換して NEC のサイトにつなげてくれる。

セキュリティリスク管理の意思決定に使われる脅威インテリジェンスの例としては、次のようなものがあります。

①攻撃アクター……「攻撃者」とほぼ同じで、グループに対して名づけられています。どのグループが、いつ、どのような手法で攻撃し、どんな被害があったのかというようなナレッジが脅威インテリジェンスです。

②攻撃の手口……侵入経路や最終的にどういう情報を窃取するのかというような手段のことで、一覧にまとめて公開されているものもあります。

③不備の特徴……「攻撃の機会」に該当する情報で、どういう脆弱性が

狙われているのか、どういう不備を使って攻撃をしてくるのかといったものです。

④悪用事案……他の組織が被害に遭った事案の情報を駆使して意思決定に活用します。

脅威インテリジェンスの分析

　サイバー脅威に関する情報の分析の観点や目的には、次のようなものがあります。

①信頼度：情報の確からしさ、分析の確信度合い
②関係性：物事の関連性、つながり
③影響度：被害の影響度合い、事業へのインパクト
④時系列：事象やイベントの発生日
⑤過去の蓄積：攻撃者が用いる攻撃手法、キャンペーン
⑥トレンド
⑦予測

　この中の「キャンペーン」とは、たとえば、選挙や国際イベントといった特定の期間において攻撃者がグループで集中的に活動することがあるため、そのときの情報を蓄積しておいて活用します。また、新しい攻撃手法を編み出した際に、対策される前に集中的な攻撃を実施するケースもキャンペーンの一種です。
　「トレンド」とは、「どのような攻撃が、どれぐらいの規模で、いつ流行したのか」といったトレンドの分析です。
　「予測」は、「この先どんな攻撃者が活発に活動するか」「どういう攻撃手法が流行するのか」を予測していくことです。

収集・分析対象の広がり

　最近では紛争や政治イベントなどの事象に対して、ある目的を持ってサイバー攻撃が行われるようになりました。かつてのサイバー攻撃の分析は、サイバー空間上でのイベントを収集して分析することが多かったのですが、現在ではそれだけを捉えていても本質が見えにくくなってきたため、より的確に捉えるために、サイバー脅威の周辺に関する情報の収集・分析が不可欠になっています。

　代表的な外部環境の分析対象としては、英単語の頭文字を取って「PESTEL」と呼ばれている政治（Politics）、経済（Economy）、社会（Society）、技術（Technology）、環境（Environment）、法律（Law）があります。また、事業環境の分析では、経営視点で事業に及ぼす影響を測る必要があるため、3C分析、SWOT分析なども用いられます。「事業を守り、継続していく」という観点では、外部環境と事業環境を併せて分析していくのが最近の傾向になっています。

脅威インテリジェンスが実際に活用されてきて浮き彫りになった課題

　脅威インテリジェンスはいろいろな用途で活用が広まってきています。その結果、情報と要件の間にギャップがあることがわかってきました。

　いろいろと導入してきたものの、「使えない」というような声も出てきています。これは恐らく情報が使えないのではなく、要件との間にギャップがあるのだと思われます。この課題をどう解決していくのかについては、現在さまざまな検討がなされているところです。

　方向性として、まずは要件を明らかにする必要があります。それは、「どの情報が欲しいのか？」「どの情報が欠けているのか？」といったものであり、たとえば、「今、何が起っているのか？」「今後、どうなるのか？」「今、何をすべきなのか？」を知りたいはずです。

この要件を決められていない、あるいは明らかにできていない状況が散見されます。要件が不明瞭なままでは、うまくいかないものです。情報を収集するに当たって「何のために使いたいのか？」を明らかにすることが、脅威インテリジェンスを活用するためのポイントだと考えられます。

インテリジェンスサイクル

インテリジェンスには、要件を決めて、そこから情報を収集して、分析して、使える形にしていくという代表的なサイクルがあります（図表4 −⑨）。

各ステップで自動化が進んできていますが、要件（方針策定）のステップは、自動化の対象ではなく、情報を利用する側が決める必要があります。この要件の策定「情報を何のために使いたいのか？」が不明瞭になってしまうケースが少なくありません。要件が不明瞭であるとインテリジェンスサイクルを円滑に回せなくなってしまうため、「要件策定をいかにうまく実施するか」という点がポイントになります。

図表 4-⑨ インテリジェンスサイクル

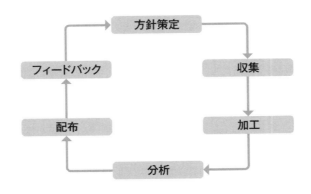

経営における脅威インテリジェンスの活用に向けて

　経営において、実際に脅威インテリジェンスを活用していくためには、「収集・分析をすべて自前で行うのは容易ではない」という認識の下、「収集はアウトソースで分析は自前」「収集も分析もアウトソース」など、組織に合ったアウトソースの仕方を考えるべきです。

　自前ですべてをまかなおうとすると、「人／チーム」「プロセス」「プラットフォーム」「パートナー」の４つの要素が必要になります。

〈活用に必要な観点〉

　たとえば「人／チーム」であれば、脅威インテリジェンスの活用にはインテリジェンスリテラシー（その情報を使いこなす力）が求められるため、どのような情報があれば決断に役立てられるのかを理解している人材が欠かせません。そのインテリジェンスもセキュリティリスク管理オペレーションの「プロセス」がなければ、リスク管理につなげられません。

　「運用プラットフォーム」では、セキュリティツールと脅威インテリジェンスの統合が必要です。すでに何かしらのセキュリティツールが導入されていても、それらが脅威インテリジェンスと統合できるようにシステムとしての連携の仕組みが用意されていて初めて、自動的かつ効果的にインテリジェンスを活用できるようになります。

〈インテリジェンス生成に必要な観点〉

　インテリジェンスを生成するには、「人／チーム」ではインテリジェンスアナリストを保有したり、インテリジェンスを活用できるチームをつくったりします。「プロセス」では、インテリジェンスサイクルを整備します。「プラットフォーム」では、インテリジェンスをうまく活用するための「インテリジェンスプラットフォーム」を持ちます。

　「パートナー」の要素としては、インテリジェンスパートナーの連携

を図ります。脅威インテリジェンスのそもそもの思想では、自分たちだけで保有・収集している情報は限られるため、防御側の各組織が情報を共有して守りを固めます。そのため、どのようなパートナーと連携して共有するのかが大きなテーマの1つになります。

　4つの要素を自前でそろえるには、こうした多くの対応が必要です。したがって、「どこまでを自分たちでカバーして、どれをアウトソースするのか」という線引きが、脅威インテリジェンスを活用するためには大切なのです。

今後の課題：脅威インテリジェンスの成熟度

　最後に、今後の課題を踏まえて提案したいのが、脅威インテリジェンス活用の成熟度をバランスよく高めていくべきだということです。
　NECが独自に整理しているインテリジェンスの成熟度には、4つの段階があります。
　最初のステップは「1人インテリジェンス」の状態で、プロセスまでは踏み込めないものの、情報収集担当者を設置している、あるいは有識者による属人作業が行われているという水準です。
　その次は、CISOやその補佐を設置して「チームとして活動」できる状態です。さらにステップアップすると「インテリジェンスサイクルに則って活動」し、最終的には先ほど挙げた4つの要素（人／チーム、プロセス、プラットフォーム、パートナー）が自律的に活動して、各機能を強化するなどの「インテリジェンスサイクルの最適化」ができている理想的な状態となります。
　このようにインテリジェンス活動のサイクルをつくり、強化し、成熟度を高めていく活動は、現在多くの組織で実現できておらず、課題であると言うことができます。ただし、成熟度を高めようとしても、情報だけ豊富に持っていても処理できなければ意味がありませんし、情報を使うためのプロセスがなければ使えず、人がいなければ活動できません。

それぞれの要素のバランスが大切です。

　脅威インテリジェンスをより高度に活用できる組織にするためには、要素のバランスを取りながら成熟度を高めていきましょう。

対策を維持する

4-3-1 | セキュリティ対策の維持と脆弱性管理

セキュリティ対策はライフサイクルで維持

　システム管理においてセキュリティ対策を維持するためには、ライフサイクルで考えることが重要です。PDCAだと言い換えても構いません。このことは知識としては知っていても、実現できていない組織が少なくないようです。

　ライフサイクルは、次の6つの要素で一巡します。

①リスクアセスメント
②セキュリティコントロールの実装
③セキュリティコントロールの評価
④セキュリティコントロールの運用
⑤セキュリティコントロールの評価
⑥評価の反映

　このうち、抜け落ちやすいのが「⑤セキュリティコントロールの評価」です。たとえば、ファイアウォールやアンチウイルスのソフトを導入すれば、それが本当に機能しているかどうか（＝リスクを受容できるレベルに落とせているか）を評価すべきなのですが、実は評価できていないという組織は多いようです。本来であれば、評価を実施して狙ったとお

りの効果が上がっていることが確認できて、初めて運用が始まるのです。

　そして運用が始まると、運用しっぱなしであまり気にかけないことも多く見受けられます。あるべき姿は、ライフサイクルの中で定期的に（できれば四半期に1回程度）、セキュリティコントロールの評価を行って、その評価を運用にも反映できている状態です。

　自社内では特に動きがない場合でも、外部環境は変わり続けています。だからこそ、それでもリスクが受容可能なレベルに本当に下がっているのか、正しく動き続けているのかを評価し、セキュリティコントロールを見直さなければなりません。放っておくと、いつのまにかリスクが許容レベルを超えてしまっていることがあります。

　ライフサイクルでのセキュリティコントロールについて理解が不十分な経営層からは、「いつまでセキュリティ対策をしないといけないのか？終わりが見えない」といった悩みを聞くことがあります。

　「いつまで？」はなく、「セキュリティコントロールに終わりはない」というのがその答えとなります。これは健康診断と同じです。これまでは健康だからといって、この先もずっと健康が続くわけではありません。運動習慣や食習慣が変わるかもしれませんし、年齢の影響もあります。だからこそ毎年の健康診断を続け、場合によっては人間ドックに変えて検査項目を追加したり方法を変えたりすることもあるはずです。

　セキュリティへの投資は、対策が未熟な組織の場合には機能を増やすことに使いますが、ある水準に達した後は、正しい状態を維持するためにライフサイクルのなかで検査項目を増やしているのだと理解してください。

セキュリティコントロールのポイントは脆弱性管理

　日々の運用の中で適切にセキュリティコントロールの評価を実施し、セキュリティ対策が正しく動作し続けるためには、「脆弱性の管理」が重要なポイントとなります。

　リスクの顕在化（インシデント）は「脅威×脆弱性」で発生するもの

であり、脅威は外部からやってくるものです。一方で脆弱性は、システムや組織が内包している弱点のことです。たとえば、木造の家は「燃えやすい」という脆弱性を持っており、その脆弱性を狙った放火魔は外部の脅威であって、「脅威（放火魔）×脆弱性（燃えやすい）」が成り立ったときに「火事」というインシデントにつながる構図があります。

　2つの要素の関係性が「掛け算」であるのは、どちらかがゼロになると答えもゼロになる、すなわちインシデントが起きなくなることを意味します。脅威または脆弱性を押さえ込めば、インシデントを防ぐことは可能なのです。

　どちらかをゼロ、もしくは限りなくゼロに近づけていきたいと考えたとき、脅威は外部のものなのでコントロールすることはできず、脆弱性をコントロールするしかないのです。もちろん脅威の動向を追っておくことは大切ですが、外部の動きに振り回されずに、しっかりと脆弱性を管理することがセキュリティコントロールの要だと言えます。

　本節の冒頭で、セキュリティコントロールはライフサイクルで考えるべきだと述べました。脆弱性は新しいものが日々発見されますし、外部環境が変わることによっても脆弱性は新しく生み出されるわけですから、ライフサイクルでセキュリティコントロールを行う意義がさらに強調されます。

　リスクを受容レベルに下げるために、脆弱性に対して何らかの対策を考えるとき、どうしてもコストを意識せざるを得ません。

　リスクが顕在化すると、「セキュリティの3要素」と言われている機密性・完全性・可用性に何らかの影響（損失）が出ることになり、その影響を受容レベルに照らして受容可能なのか、それとも対策するのかという経営判断を行います。このとき、セキュリティの3要素を一体で捉える必要があります。たとえば、情報漏えい（機密性）だけに着目してしまうと、費用対効果を適切に判断することはできません。

　ここまでの内容を図にまとめたのが、図表4-⑩です。多くの企業ではセキュリティコントロールの運用後に評価ができていないと指摘しましたが、図中で全体を支える土台となっている「保証」とは、対策によっ

てリスクを受容レベルに落とした後、再び受容レベルを超えないように
対策を継続できているのかを確認する仕組みのことを指しています。

脆弱性を発見する手段

　では、具体的にどのような手段で脆弱性を発見し、対策へとつなげれ
ばよいのでしょうか。現在運用中の業務システムなどに対して、最も簡
単に実施できるのは「脆弱性診断」で、もう1つは「ペネトレーション
テスト（侵入テスト）」です。

　この2つは王道であり、よく似た手段でもあるのですが、経営層とし
て最低限知っておくべき点であり、それぞれ違いがあります。

①**脆弱性診断**……すでに世の中で知られている脆弱性が自分たちのシス
テムにないかどうかを診断するもの。

②**ペネトレーションテスト**……攻撃者の視点と手口を使い、システムだ
けでなく広範に何らかの弱点を持っていないかを探し出し、攻撃の目的

図表 4-⑩ ┃ **リスクマネジメントフレームワーク**

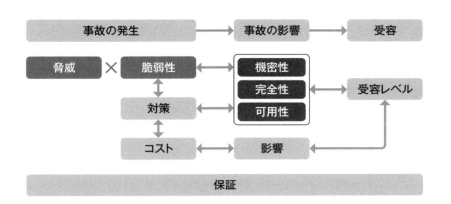

を達成できるかどうかを確認するもの。

　当然、脆弱性診断よりもペネトレーションテストのほうが強度の高い
テストであり、隠された脆弱性もあぶり出すことができますが、一般的
にペネトレーションテストのほうが時間やコストが多くかかります。経
営層が詳しい技術的な内容を知っておく必要はありませんが、テストの
報告を聞いたときに正しい判断ができるように2つの違いは理解してお
くべきでしょう。

　この2つに加えて、最近では自分たちの組織はどの部分が攻撃を受け
やすいのかを外部の目線で認識して管理する考え方「ASM（アタック・
サーフェス・マネジメント）」がトレンドになりつつあります。

　図表4-⑪に示されているように、組織の外から組織に関連する機器
の情報を収集して、データベース化し、設定のミスや脆弱性が放置され
ていないか、意図せずに情報が公開されていないかなどを把握すること
ができます。

　2023年5月には経済産業省からASM導入ガイダンスが公開されて
おり、その中では「外部（インターネット）から把握できる情報を用
いてIT資産の適切な管理を可能とするツールやサービスを活用して、

図表 4-⑪ **一般的なASMの特徴とイメージ**

• インターネットにつながっている世界中の機器の公開情報を継続的に収集・蓄積
• 特定の条件に合致する機器などを検索可能（無料でも可能）

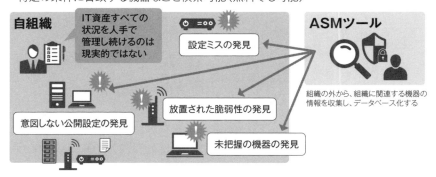

外部（インターネット）に公開されているサーバやネットワーク機器、IoT 機器の情報を収集・分析することにより、不正侵入経路となり得るポイントを把握する」と説明しています。

　脆弱性診断に近いものですが、脆弱性診断では既存の脆弱性がわかっても、本当にその脆弱性が攻撃者に利用される可能性があるのかはわかりません。ペネトレーションテストにも同じような側面があり、本当にテストで用いたような手法で攻撃がされるかどうかはわかりません。わかるのは、あくまでも可能性です。

　それに対して ASM は、2 つの特徴を持っています。1 つは、網羅性では劣るものの、実際に外からどう見えるかに割り切っている手法なので、非常に効率的だということです。もう 1 つは、設定の間違いや誤った情報を公開してしまっているような、今すぐ対応すべき脆弱性をあぶり出す手法として有効なことです。現在はまだ登場したばかりですが、こうした特徴はとても有意ですので、脆弱性診断やペネトレーションテストと同じように定着するのではないでしょうか。

　なお、ASM によく似ていて、以前から利用されている手法に「レーティングサービス」があります。

　一方で、ASM にも課題はあります。たとえば、サーバ類などの IT 資産に限ってチェックやスコアリングを行いますが、今後は検査対象を IoT 機器やパソコンなどのエンドポイントに広げられるのかを問われることになりそうです。

4-3-2　脆弱性ハンドリング（パッチ適用）の考え方と対応

パッチ管理で重要なのは必須要件であるかの見極め

　脆弱性を発見すると、それをどのようにハンドリングしてリスクを許容レベルまで下げるかを考えなければなりません。

基本的には、パッチを適用して脆弱性を回避します。

　このとき、一般的なセキュリティの世界では、「パッチはすぐ適用し
ろ」と言う人と、「パッチを適用しても稼働中のシステムに影響がないか、
きちんと確認してから適用するべきだ」と言う人がいます。この議論に
正解はなく、状況や対象によって対応が異なります。基本的にサーバに
関しては正式な手順、つまり検証をしてからパッチを当てて、パソコン
などのクライアント（エンドポイント）に関しては、すぐに適用するの
が最適解ではないでしょうか。確かにパッチを当てると、それまで動い
ていた機器が不安定になったり動作しなくなったりする可能性はありま
す。そのため影響が大きいサーバでは軽々と適用するわけにはいきませ
ん。一方でクライアントについては、影響があったとしてもすぐに代替
機を用意できますので、なるべく早く脆弱性を取り除くことを優先する
べきでしょう。

　では、サーバ類の検証はどのように進めるとよいのでしょうか。

　一般的なパッチ管理の手順は、「通知→評価→影響→テスト」と進み、
承認されると「バックアップ→適用→運用監視→……」と流れていきま
す。パッチ適用後の運用監視において動作状況を検証して、特に問題が
ないのであればフィードバックして文書化しておき、どんなパッチが当
てられているのかといった構成管理で必要な情報を管理します。万が一、
検証中に問題が見つかれば、バックアップを使ってロールバックします。

　パッチ管理の肝は、最初の通知および評価です。ベンダーや各種機関
から公表される脆弱性情報を確認すると、パッチを適用するのが大前提
ではあるものの、その前に自分たちの組織にとって本当に必須なのかど
うかを評価すべきです。たとえば、脆弱性を含んだ機器を使用していた
としても、自社の運用環境では影響を受けないというケースもあります。
ただ単に脆弱性情報に該当する製品・サービスを使っているからという
理由で無条件にパッチを当てるのは、ビジネスの観点では非効率です。
よく「パッチの管理が大変」「なかなか当てられない」という声を耳に
しますが、公表情報で対象になっているという理由だけですべてに適用
しようとしていないでしょうか。

　パッチの適用は通常作業も負担ですが、製品やサービスを停止しなければならないケースもありますので、その間にビジネスが止まったり、担当者に深夜・休日出勤を強いることになったりもします。経営層はビジネスの効率を意識して、パッチ適用の必要性を評価できる体制を持っておくことが大切です。

ハンドリングすべき脆弱性情報の収集手段

　通知が出れば、それを正しく評価してハンドリングするわけですが、起点となる脆弱性情報の通知はどのようにして受け取ればよいのでしょうか。

　結論は、「基本的に何らかのツールやサービスを利用する」のがベストです。

　自分たちで情報を収集するのなら、まずベンダーの公式情報を確認します。これはもっとも早く情報を入手できる手段です。それ以外では脆弱性対策情報ポータルサイトの活用が有効です。海外なら NVD、日本では JVN や JVN iPedia（海外情報も掲載）に、脆弱性と判断に資する情報が掲載されています。JVN と JVN iPedia の2つがあれば、世の中で公表されている脆弱性情報を網羅できると言ってよいでしょう。

　これらに掲載されている元データは CVE（米 MITRE 社が提供している脆弱性情報データベース）で、脆弱性にユニークな識別番号「CVE-ID」を割り当てて管理しています。なお、CVE-ID を自分たちで割り振れる組織は限られていますが、NEC はそのうちの1つになっています。

　ただし、ポータルサイトはかなり専門的な内容ですので、それを読み解ける担当者がいなければ活用できないでしょう。

　さらに、一般ユーザーの立場で自分たちが利用している製品・サービスにまつわる脆弱性の情報を集めようとしても、システムは非常に複雑で深いため、網羅するのは困難です。システムそのものではなく、その内部で使われているモジュールに発生した問題であれば、ユーザーが意識することすら不可能に近いと言えます。

このような理由から、よほどコストをかけなければ独力では脆弱性情報を収集し切れません。経営層の視点では費用対効果が出ないため、ツールやサービスを利用するという判断になるはずです。

第**5**章

Cyber Security

インシデントハンドリング

インシデントハンドリングとは

インシデントハンドリングの目的

　セキュリティインシデントが発生すると、経営への有形無形のインパクトが生じます。インシデントを完全になくすことは現実的でなく、発生後いかに対応してインパクトを最小限に抑えるかが重要です。

　「インシデント」は、社内ガイドラインに反してパスワードを使い回した場合や、フィッシングメールが届いたものの自動検知・処理した場合のような、実害につながっていないごく軽い事象から、ビジネスに支障をきたすような重い事象まで幅広く使われる用語ですが、本章では重大インシデントに焦点を当てて説明します。

　「インシデントハンドリング」とは、インシデント発生時から解決までの一連の処理のことで、事前の準備や、事後の学び（次のインシデントに備える）も含めた活動全体を指すことが一般的です。

　似た言葉に「インシデントレスポンス」がありますが、こちらは検知や通報を受け付けた後の個々のインシデント対応を指すことが多く、本書でも個別の対処を扱った第3章3-2では「インシデントレスポンス」と表現しています。

　インシデントハンドリングの目的は、発生するインシデントに対して次のような経営へのインパクトを最小限に抑えることです。

①有形
　－事業停止、顧客喪失による機会損失
　－（自社過失ありの場合）被害者への賠償責任

　－調査・対応・再発防止費用

②無形
　－ブランド、信用の喪失（レピュテーションリスク）
　－企業の社会的責任

　第２章でも述べたように、企業・組織のサイバーセキュリティ体制が不適切であるせいで、これらの損害が大きくなった場合には、意思決定した経営層は企業・組織に対して任務懈怠に基づく損害賠償責任を問われる可能性があります。また、適切なサイバーセキュリティ体制を定めていても、実態としてそのとおりに運用されていないにもかかわらず放置していた場合も同様です。インシデントにより第三者に損害が発生したような場合には、経営層はその第三者に対しても損害賠償責任を負うこともあり得ます。

　最近ではセキュリティ保険でリスクを移転する選択肢もありますが、セキュリティ対策の状況に応じて保険料が変動します。また、当然ですが、失ったブランドや信用までは保険でカバーできず、回復するのは容易ではありません。

　企業・組織にとっても経営層自身にとっても生命線に関わるため、インシデントの発生に備え、そのインパクトを最小限に抑えるインシデントハンドリングの体制を整備することが重要です。

　「インパクトを最小限に抑える」と書いたのは、インシデントは予防対策で頻度を減らせるものの、完全な予防は理想でしかないからです。現実には、「どんな組織でも、いつか必ず発生するもの」と理解すべきです。実際にインシデントが発生したときに対応がままならず被害が甚大となることがあるため、発生するインシデントを検知・分析して適切に対処するだけでなく、そのための事前準備や対処完了後の次への備えを行うことが必要です。

　インシデントハンドリングの流れを模式的に表すと、図表５－①のと

図表 5-① **インシデントハンドリングの流れ**

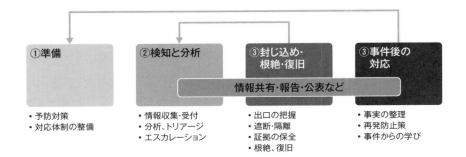

(出所) NIST SP800-61 rev2を参考にNECセキュリティ作成

おりになります。次節では「①準備」「②検知と分析」「③封じ込め・根絶・復旧」「④事件後の対応」のそれぞれについて解説を進めていきます。

5-2

インシデントハンドリングのプロセス

5-2-1　①準備

インシデントの予防と発生時の対応体制

インシデント対応の準備段階で行うことは、次の2つです。

①インシデントの予防

いくら対応体制を整えても、リソースには限度があるため、同時に対応できるインシデントの数は限られます。対応し切れない事態に備え、「インシデントが発生したときに、個々の対応に十分なリソースを投入できるよう発生頻度を十分に減らすこと」および「発生時にもスムーズに対応できるよう準備しておく」ことが予防措置の役割です。

②発生時の対応体制の整備

スムーズに対応できるように、CSIRT（Computer Security Incident Response Team）などの体制やツール、および判断基準を決めておきます。

インシデント対応に焦点を当てたフレームワーク「NIST SP800-61」では、図表5－②のような準備の必要性に言及しています。

被害に遭った組織の担当部門がネットワーク構造を理解していないことも珍しくありません。インシデント対応したときには「何がどこにあ

図表 5-② インシデント対応体制の整備

《経営としての決定》	《対応チームとしての準備》
●対応チームの組織体制（内部および外部委託も含む） ●インシデント対応ポリシー（方針・規程）、計画、手順（手順はあえて「緩く」決めておき、運用しながら随時追加・更新していくこと） ●情報共有・対外報告・公表ポリシー ●関連部署の整理（IT、総務、法務、広報など） ●適切なスキル人材のアサイン	●コミュニケーションツール（連絡先、コラボレーションツール、チケット管理ツール、セキュアストレージなど） ●分析用機器・ソフトウェア（フォレンジック用PC、外付けストレージ、分析ソフト、検証環境など） ●自組織の資産・環境を把握できるネットワーク図、重要システムおよびデータの一覧（クラウド環境の場合、重要データの地理的所在も把握すること） ●復旧用にOS・アプリケーションがクリーンインストールされたバックアップイメージ

るのか」「どのような出入り口があるのか」といった自組織の資産や環境の把握から始めなければならず、初期対応が遅れるケースもあります。

　そこで、対応体制を十分にできているのかを確かめるために、CYDER（Cyber Defense Exercise with Recurrence：実践的サイバー防御演習）などの演習によるインシデントの疑似体験も、いざというときの備えとして有効です。

5-2-2　②検知と分析

被害を最小限に抑える鍵は「早急な検知」

　被害を最小限に抑えるには、インシデントが重大になる前に検知する仕組みづくりが大切です。「準備」フェーズの対応を十分に行っておくことが重要で、中でも検知できる技術的な仕組みの導入が欠かせません。それに加えて、連絡や情報収集の体制を整備しておくことも大切です。

検知のためのデータ収集

　検知のためのデータを収集するために大切なのは、さまざまな角度からのデータを収集することです。どうしても一般的なセキュリティ製品に頼りがちですが、それだけでなく、公開情報や他の組織の被害情報なども貴重な情報源になるので、気を配るようにします。

　データソースには、図表5−③のようなものがあります。

現場レベルの要所

　現場レベルにおける検知の本質は「分析」です。「検知すること」が大切なのではなく、「本当に必要な情報を迅速に抽出して、決定権を持つ者に上げる」ことが大切です。

　アラートや報告などの兆候から過検知を排除し、優先度の高いインシデントを識別し、問題箇所を特定した上で、適切な連絡先に通知（エスカレーション）するようにします。

図表 5-③ ┃ **検知のソース例**

ソース種別	例
アラート	EDR、IDS/IPS、アンチウイルス／アンチスパムソフト、ファイル完全性チェックソフト、サードパーティの監視サービス、異常な振る舞いを検出するクラウドサービス（AWS GuardDuty など）
ログなど	サーバログ（アクセスログ、認証ログなど）、クライアントPCログ（Windowsイベントログなど）、ネットワーク機器ログ（ファイアウォール、VPN）、通信データ（ネットワークフロー、通信パケット）、資産管理用ソフト（SKYSEAなど）、クラウドのログ
公開情報	新しい脆弱性、エクスプロイト情報
インテリジェンス関連の情報	アタックサーフェス、ダークWeb上への情報流出に関する情報、漏えいした認証情報に関する情報
人	●組織内の人（異常を検知して連絡、「サーバに接続できない」「PCが起動しない」などの連絡） ●他組織の人（JPCERT/CC、警察などの組織からの連絡、公開情報を発見して連絡、「貴社のサーバから攻撃通信がきている」などの連絡）

過検知とは、インシデントとして扱わないものまで検知してしまうことです。一般的なセキュリティ対策製品は検知漏れを嫌って、「疑わしいものは検知」する設定になっていることが多く、過検知が多くなりがちです。しかし、過検知を含んだ報告を受けると決定権者の重荷になりますし、報告者の負担も大きいため、本当に対応が必要なインシデントを効率的に識別することが重要です。

また、セキュリティ製品の導入など、技術的な取り組みだけがすべてではありません。攻撃の検知と分析ができても、その後の対応が適切でなければ意味がないからです。そこで、対応者の教育や迅速な連絡が行える組織づくりも大切になります。

経営層レベルの要所

経営視点での検知・分析の目的は「対応をジャッジするために必要な情報を得ること」であり、この目的に即した検知・分析の仕組みを、設計、構築、運用することです。

目的をはき違えた例を図表5－④に挙げます。

図表 5-④ **目的をはき違えた例**

例	誤	正
例1	さまざまなセキュリティ製品をとにかく導入し、検知アラートを増やすことに力を注ぐ	検知したものの中から効率的に「本当に対応が必要なもの」を見つける仕組み作りに力を注ぐ
例2	検知データをとにかく経営層にアップして判断を仰がせる	経営層がジャッジするために必要な情報だけを効率的に示し、判断しやすくする体制をつくる
例3	インシデント対応は、技術的知識を持つCSIRTチームに対応を一任する	重大インシデントに関する情報は経営層と迅速に共有し、共に対応を協議する

経営層レベルに求められるのは、現場レベルでの分析には専門的スキルと経験が必要なことを理解することです。即時に的確な判断を行うには経験を積む以外になく、判断基準表などの補助ツールをつくることが手助けになるものの、単純に機械的な判断をすることは難しいことが多いのです。高価なセキュリティ製品があれば、対応者のスキル・経験が不要というわけではありませんので、製品を過信してはいけません。

そこで経営層は、熟練したスキルを持つスタッフを育成することを意識するとともに、経験豊富な専門家の助けを得やすい環境を整備しておくことが大切です。

経験を積むためには、「疑似体験」「他組織の例の確認」などを通じた学習機会を設けることが有効です。

組織面では、計画的なチームづくり、体制づくり、予算の確保が欠かせません。また、平時に相談ができる専門家との連携体制も構築します。

さらに、PCやシステムの不審な発動があれば、従業員が「検知」できるよう、何が不審なものなのかを判断できるようになるための、全従業員に対する教育も必要です。不審な挙動を社員が目撃した際に、それを不審だと察知し、しかるべき場所に連絡をしなければ、インシデントは進行してしまいます。

5-2-3　③封じ込め・根絶・復旧

封じ込め・根絶・復旧の全体像

封じ込め・根絶・復旧のフェーズでは、発生したインシデントの被害拡大を防ぎ、状況を把握します。狭義の「インシデント対応」であり、「緊急（暫定）対応」「恒久対応」とも呼ばれています。

このフェーズの流れは、図表5－⑤の通りです。

「平時の準備」では、本章5-2-1で解説した「①準備」の内容に準じ

図表 5-⑤ **封じ込め・根絶・復旧**

た準備を行います。具体的な準備内容の案をまとめた「平時のチェック
リスト」（図表5－⑥）を作成しましたので、参考にしてみてください。
　インシデント発生時には、続く「出口の把握」「遮断を実施」「保全」「根
絶」「復旧」の順にフローを進めていきます。

封じ込め（出口の把握、遮断を実施、保全）

　「封じ込め」を行う理由は大きく2つあります。
　1つは被害拡大の防止で、情報漏えい、さらなるマルウェア感染の拡
散、攻撃者の再侵入を阻止します。
　もう1つは、被害状況の把握で、被害機器のあぶり出しを行います。

　このとき、技術的対応レベルでは、インシデント対応を行うための技
術的知識が必要となります。
　経営層レベルでは、現場から上がってくる情報を基に、適切なジャッ
ジが求められます。また、インシデント対応が円滑に行われるように指
示を出すことも経営層の役割です。

（出口の把握）

　封じ込めでは、まず「出口の把握」を実施します。

　技術的対応レベルの要所は、社内からインターネットに抜ける出口は1つとは限らないため、すべての出口を把握することです。一方で、経営層レベルの要所は、自社のシステム環境の把握を迅速に行うように指示することです。インシデント発生時にすぐ把握できるようにするためにも、平時の準備が重要なのです。

　なお、出口が1つとは限らない場合の例には、次のようなものがあります。

・負荷分散の目的で複数の出口を設置している
・国内外の拠点と接続しているため、拠点経由で外に出られてしまう
・テスト環境などで一次的に出口を設置している
・社員のポケットWi-Fiの利用といった意図しない出口がつくられている

（遮断を実施）

　「出口の把握」を終えると、次に「遮断を実施」します。

　技術的対応の観点では、封じ込めはスピードが命です。どのような条件なら、誰が遮断や隔離の実施を判断してよいのかをあらかじめ決めておくべきです。

（例）
・PC1台で事象が発生し、マルウェアに感染済みとアナリストが判断したら、当該PCを即時隔離
・社内システムと悪意のある通信先との通信が確立していることがわかったら、CSIRTメンバーがファイアウォールを即時遮断

　遮断や隔離の判断における注意点は、大きく2つあります。
　まず、「念のために確認」で時間を費やさないことです。確認を行っ

図表 5-⑥ 平時のチェックシート案

セキュリティ対策・方針の事前策定	対策・方針の策定	組織全体に対する情報セキュリティ対応方針（ポリシー）を策定し、社内周知している。また、定期的に見直しをしている
		平時・有事において、各人（セキュリティ担当者のみならず、経営層等も含む）の責任と役割を明確化している
		サイバー攻撃や情報漏えいの新たな手口を知り、対策を組織内で共有する仕組みを確立している
		情報に機密区分を設定し、取り扱いの教育を実施している
		サイバーセキュリティリスクの事業影響度を推定している
		サイバーセキュリティリスクに対し、リスク低減・リスク回避・リスク移転のための計画を策定している
		対策を取らないと判断したものを残留リスクとして認識している
インシデント発生を抑えるための対策	技術面の対策	社内PC・サーバー等のアップデートを管理する仕組みを確立させている
		社内PC・サーバー等のアンチウイルスソフトのアップデートを管理する仕組みがある
		メーカーのサポート切れとなっているシステム（古いOSなど）を使っていないことを確認している（使っている場合は、特別なセキュリティ対策を取っている）。また、定期的にチェックしている
		ファイアウォールにおいて、不要なポートが開いていないことを確認している
		ネットワークセグメントの分離、アクセス制御等の防御が整備されていることを確認している。また、定期的にチェックをしている
		セキュリティ製品・ネットワーク機器・サーバーの異常を検知する監視を導入している
		二要素認証やクライアント証明書などの認証強化対策を導入しており、適切に運用されていることを確認している
		インターネットからアクセスできるサーバー等は、不特定多数のアクセスが発生するシステム（公開WEBサーバーなど）を除き、接続元を制限する仕組みが行われている
		管理やテストを行う際の利便性を重視して、特別にセキュリティ要件を下げている（多要素認証を不要にしているなど）アカウント等が存在していないか、確認を行っている
		サーバー上のデータは、適切に暗号化処理などが行われていることを確認している
		テスト目的で構築されたセキュリティ要件が低いシステムが、社内システムに接続されていないか確認している。また、定期的にチェックをしている
		脆弱性診断を定期的に行っている。また、検出された問題について適切に対応している
	管理面の対策	不審なイベント・攻撃の予兆が見られた場合に対応するマニュアルが整備されている。また、検知するための監視などを行っている
		不要となったユーザーアカウントを迅速に削除するなど、アカウントの管理体制が整備されている、また、定期的に見直しを行っている
		サイバーセキュリティリスクや脅威を適時見直し、環境変化に応じた取り組み体制（PDCA）を整備・維持している
インシデント発生時の緊急対応等	事業継続の対策	インシデント発生時の初動対応マニュアル等を整備しており、適切に周知されている。また、定期的な見直しも行っている
		事業への影響を考え、遮断を実施する際の遮断範囲や遮断場所について考えている。また、定期的な見直しも行っている
		業務の迅速な復旧を行うため、既存のネットワークが使えない場合、代替となるネットワーク経路が考えられている
		業務の迅速な復旧を行うため、業務を継続するために最低限必要となるネットワーク通信先を把握している（インシデント発生時に、本当に必要な通信のみを許可するホワイトリスト運用を行う際、通信を許可すべき場所が把握できている）
		ウイルス感染などで既存のPCが使えなくなる事態に備え、予備のPCを確保している。もしくは、迅速に準備が行える対策を考えている
		緊急退避・一次回避として行った遮断等の策は、実施期限を設けられるよう、事前に考えられている

インシデント発生時の緊急対応等	相談・連絡体制の対策	インシデント発生時に経営層が対応をジャッジするための情報が、無駄なく上げられる仕組みを考えている
		インシデント発生時の社内連絡体制が確立されており、指揮系統も整理されている
		侵害された機器を保全する方法を確認しており、マニュアル等を整備している。もしくは、すぐに保全対応を依頼できる外部相談先を確認している
		インシデント発生時に相談が可能な外部専門機関を確認している
		インシデント発生時に連絡する所轄官庁・警察などの連絡先を把握している
		平時に使用していた連絡手段が使えなくなることを考え、代替となる連絡方法を考えている
		外部への情報公開に対するポリシーを策定している
インシデントの封じ込め・原因究明を迅速に行うための対応	事前把握	自組織のネットワークの出口（インターネットに抜ける経路）が把握できている（複数の経路がある場合、すべて把握できている）
		自組織のネットワーク構成を把握している。また、構成変更がないか・資料は古くなっていないかを定期的に確認している
		自組織のサーバー構成を把握している。また、構成変更がないか・資料は古くなっていないかを定期的に確認している
		機密情報や個人情報を収めているサーバー等を把握している
	事前設定	自組織内にどのようなネットワーク機器やサーバーなどが存在しており、どのようなログが記録されているかを確認している
		インシデント発生時に必要となるログの取得設定が問題ないか、確認を行っている。また、定期的にチェックを行っている
		インシデント発生時に必要となるログを退避する「バックアップ」を行っている。また、バックアップを残す期間に問題がないか確認している
		保全の重要性を組織内に周知し、ポリシーも策定している。また、組織で対応できる保全についてはマニュアル等を整備している
		重要な情報を収めているサーバーでは、アクセス履歴が確認できる仕組みが導入されている
		分析用機材（フォレンジック用PCなど）の準備を行っている。もしくは、分析を依頼できる外部専門家を選定している
迅速な復旧を実現する事前対策	復旧の対策	データのバックアップが適切に取得されていることを確認している。また、バックアップが侵害されないように配慮した対策を行っている
		バックアップデータからデータを復旧する手順を確認している
教育・訓練、人材の確保	教育・訓練の対策	経営層がインシデント発生の報告を受けた際に取る対応について、訓練をしている
		組織で、過去のインシデントを参考にした訓練を行っている
		組織で、定期的にインシデント発生時の復旧作業訓練を行っている
		インシデント発生後の再発防止策の設定を行っている
		社員に対し、サイバーセキュリティの教育を行っている（不審メールの対応訓練などの実施）
	対策のための資源（予算、人材等）確保	サイバーセキュリティ対策に必要な予算を確保している
		サイバーセキュリティ対策に必要な人材を確保している。また、人材の育成を行っている。特に、インシデント発生時に技術的な対応を行う者は、専門的知識を必要とするため、教育を厚くしている
記録	記録の対策	組織内で発生したサイバーセキュリティ事象について、発生事象や対応内容を記録している
レビューションリスク	レビューションリスク対策	レビューションリスクを想定し、情報共有・報告・公開のタイミングや内容について、ポリシーを設定している
		組織内の情報統制についてポリシーを策定している（内部リーク・情報漏えいの発生を防ぐ対策を考えている）

ている間に侵害が進む可能性があります。

　事前に判断基準を決めておかなければ、判断のたらい回しが発生して侵害が進んでしまいます。攻撃者が内部に侵入中であった場合、封じ込めを行わなければ、さらなるアクション（攻撃）が行われるのです。

　経営層レベルの要所となるのが、平時における組織的な検討です。遮断の範囲を明示したポリシーを事前に検討しておきます。具体的な把握すべき事項や検討事項には、次のようなものがあります。

①どこまでサービスを止められるかを把握しておく

　「止めると業務影響が大きすぎるものは何か」「止めても業務が継続できるものは何か」「どのサービス・業務を最低限生かせば、業務影響を最小限にできるか」を把握します。

②通信の全遮断の決断は難しいことを知っておく

　業務への影響が大きすぎるためです。

③拒否リスト方式での遮断は困難であり、許可リスト方式のほうにメリットがあることを理解する

　拒否リストとは、確認された悪意のある通信先をリストに入れてブロックする方式です。

　一方で、許可リストは、通信許可をする通信先をリストに入れ、それ以外はブロックする方式です。たとえば、コラボレーションツールなどの業務上最低限必要な通信だけを許可するような対応が想定されます。

④どこで、どのような遮断を行うのが有効かを検討しておく

　「感染したものだけを遮断する」「部分的にネットワークを遮断する」といった封じ込める箇所や手法を、インシデントの種類・段階に応じて検討しておきます。このとき、インシデントの発生場所が遮断に影響するかどうかの考慮も必要です。

⑤インシデント発生時の外部委託業者との連絡フローも事前に検討しておく

　遮断を行った結果、平時に使用していた連絡方法（メールなど）が使えなくなることもありますので、代替となる連絡方法を考えておきます。

⑥緊急回避・一時回避の策は、実施期限を設ける

　いつまでも一時しのぎを続けないようにするために、計画性をもって対策を講じる必要があります。

（保全）

　「封じ込め」と「根絶」の中間に位置するのが「保全」で、「証拠保全」と言い換えたほうがイメージしやすいかもしれません。本書では便宜上、封じ込めの最後に組み入れました。

　インシデントハンドリングにおける保全の目的には、次のようなものがあります。
・攻撃や被害の痕跡を確認できるようにすること
・分析対象となるログや、マルウェア検体を確保すること
・攻撃者の意図を把握すること
・「証拠」を押さえること

　一般社会で犯罪が起きた現場では、警察が立ち入りを規制して証拠が消えないようにしてから捜査を行っています。それと同じことがサイバーの現場でも当然必要です。現場に土足で入って状態を変えてしまって（証拠の汚染）からセキュリティの専門会社に調査を依頼しても、解決の糸口をつかむのは困難です。
　技術的対応レベルでは、「原因究明調査などを行う上で、保全は非常に重要」だということをよく理解することが大切です。
　理解すべきポイントは、主に以下の５つとなります。

①調査は保全したデータで行うことが基本であること

　実際には、保全の重要性を理解せず、保全を行わずにさまざまな対応を実施してしまうケースが多いです。業務復旧を考えるあまり、とにかく再インストールやフォーマットなどを行おうという判断をしてしまいがちです。また、調査のために多くの操作をしてしまい、誤って古いログが消えてしまうこともあります。

②時間の経過で失われるデータ（揮発性が高いデータ）も存在すること

　メモリデータなどが消えやすいことや、保全を行う順番が重要（消えやすいデータから保全する）であることなど、事前の理解と担当者の教育が望まれます。

③さまざまな機器がある中、保全が必要なものを識別しておくこと

　事後に「保全しておくべきであった」と後悔しないためにもシステム構成の事前把握は必須です。パソコンだけでなく、サーバやネットワーク機器、クラウドなどの存在も忘れずに、保全対象であるかを考えておくようにします。

④保全は時間がかかることも多いため、すべてのデータの複製をつくることは現実的に不可能であること

　保全が必要なものは、調査で必要となる情報のみであり、必ずしも組織内のすべての機器の保全が必要なわけではありません。むしろ、すべての保全が必要なケースは稀です。対象を的確に捉えて保全するためには、情報が集約されている場所（ドメインコントローラなど）が存在することも知っておきます。

⑤保全は日常的に発生する作業ではないので、机上で準備していたとしても適切に実施できないこともあること

　専門家の意見も確認しながら進めることを意識します。

　経営層レベルの視点でも、保全はとても大切なフェーズです。

　まずは、封じ込め・保全を適切に実施できれば、後続の根絶・復旧は落ち着いて取り組めることを理解しましょう。言い換えれば、根絶以降のフェーズを正しい順序で対応するための指示に不可欠なのが保全です。

　保全が行われれば、当該端末を初期化して再利用することも可能になるため、迅速な業務復帰のためにも保全対応は重要です。

　また、後ほど説明しますが、インシデントハンドリングではメディア対応も必要になってきますので、説明責任を果たすためにも保全は重要です。「データが消えて原因不明」では、一方的に責められることになりかねません。インシデントの原因が不明では、メディア以外にも監督省庁、株主、被害を受けた企業・個人など、さまざまな方面から責任を追及される可能性があります。

　そこで平時においては、現場レベルで保全を円滑に進められるように、必要となる保全のポリシー（どの機器をどのように保全するかなど）を整理しておくように指示しておきます。

　また、保全・調査は、専門的知識がないと対応が困難なものもあるため、自社で対応できるものと外部に委託が必要なものを事前に把握しておきます。

根絶

　「根絶」は、組織内から悪意のあるものを根絶するフェーズです。マルウェアやウイルスなどを削除したり、突破口として使われたユーザーのアカウントを無効にしたりするのも根絶の1つです。

　技術的対応レベルの要所は、対応に専門知識が必要となるため、平時から知識を身につけておくことです。

　経営層レベルの要所には、次のようなものがあります。

・「根絶完了」の判断基準があいまいになりがちなため、永久に対応を

続けないようにゴールの基準を決めます。

・根絶のためには、調査・分析が重要となります。自社で調査できるものなのか、それとも外部専門機関に依頼が必要なものなのかは、事前に把握しておくようにします。

・クリーンな代替機器を迅速に用意できる環境を整えることが大切です。

・専門的知識を求められることが多いため、対応者の教育予算を確保しておきます。また、相談できる外部専門家を選定しておくことが望ましいと言えます。

復旧

「復旧」は、システムを侵害される前の、通常の運用状態に戻すフェーズです。

技術的対応の観点では、インシデント発生前の平時において、代替となるシステムを検討しておくことが大切です。既存ネットワークが使えなくなることも想定されるため、一次的に利用できる代替ネットワークについても同時に検討しておきます。

また、復旧にはバックアップデータが欠かせないので、復旧に使うデータの準備も怠ることなく、バックアップを計画的にとっておくことが重要です。

経営層の観点では、自然災害に対するBCP（Business Continuity Plan：事業継続計画）対策と同じように、サイバー攻撃に対してもBCPの考え方を導入し、対策を考えておくことが必要です。

また、何をどこまで復旧できれば業務を再開できるのか、さまざまなケースを想定して、業務を継続できる最低限の復旧レベルを把握しておく必要があります。さらに、一度にすべてを復旧できるとは限りませんので、段階的に行える復旧計画も考えておきます。

そして、代替システムの準備を行っておくように指示するのも経営層の役割です。併せて、そのための予算も確保します。

これだけ対策を講じていれば順調に復旧しそうですが、バックアップ

をとってあるからといって安心できません。復旧したデータがすでに侵害されていると、そこからインシデントが再発するおそれがあるためです。そこで平時のうちに、復旧時のバックアップデータの正当性の確認や作業手順を整備するように指示しておきます。

5-2-4　④事件後の対応

インシデントを教訓として将来に備える

　封じ込め・根絶・復旧を終えると、「発生してしまったインシデントを教訓として、将来に備える」という事件後の対応が待っています。取り組みは大きく以下の3つです。

①発生した被害について経営層が把握する

　経営層はインシデントの被害結果や他社への影響などを報告させ、どれくらいの損害額が発生したのかを把握します。被害結果の把握は、その後の対策にかける費用の算定にもつながります。

　今後の対応を指示するためにも、経営層が被害の規模を把握することが重要なのです。

②再発防止策

　再び重大なインシデントが発生しないよう、再発防止策を組織的に考えます。

　インシデントの「原因」を把握しなければ再発防止にはつながらないため、平時や根絶等のフェーズでの準備が必要であることを理解しておきましょう。準備などインシデント発生前に保全・調査を適切に行えていれば、原因の把握は困難ではありません。原因が把握できなかった場合は、そのこと自体の再発を防ぐ策を考えます。

社内の周知のみならず、インシデントを外部（関連組織・顧客など）に連絡・公表する必要がある場合には、組織としての姿勢を示すためにも、再発防止策は重要となります。このときの対応は、組織の社会的信頼回復に大きく影響します。有効な再発防止策を講ずることができなければ、さらなる信頼低下などの被害が発生する可能性を意識すべきです。

　再発防止策を考える際には、さまざまな第三者の考えを反映するために、外部専門家の意見を取り入れることも重要です。

　インシデント発生直後はセキュリティ意識が高くなるため、再発防止策の策定などに力が入ります。しかし、時間の経過とともに対応が怠慢になることも少なくありません。そのようなことにならないためにも、継続的な再発防止策を考える必要があります。たとえば、定期的にセキュリティ診断を実施するなどの恒久的な対応も考えたり、技術的な策だけではなく、社員の教育なども実施したりします。

③インシデント対応からの学び

　インシデント対応後に「ああすればよかった」と思うのは、ごく自然なことです。後悔のないインシデント対応などなく、何かしら次への教訓があるはずですので、後悔を生かす心構えが大切です。有事に適切に立ち回れなかった経験は、喉元を過ぎると放置されがちですが、学びを蓄積しない限りは同じことを繰り返すことになります。学びは今後の「準備」につながると考えて、再発の防止に努めましょう。

　経営層の観点では、事故から学ぶように指示することも責任です。「黒歴史」として蓋をさせず、あえて「蒸し返す」のが仕事です。

　インシデント対応から学ぶための、具体的な対応には次のようなものがあります。

〈足りていなかった対策の把握〉

　平時の体制の何が良くなかったのか、セキュリティ体制の見直しをすることが重要です。

（例）
　　ー機器のアップデート対応をしていなかったという運用の問題
　　ー必要なセキュリティ製品を導入していなかったという設備投資の
　　　問題

〈実際のインシデントの再体験・疑似体験〉
　インシデント対応後、時間が経つとさまざまなことを忘れてしまい、再発した際に過去の経験が生かせないことも多いものです。そこで有効となるのが、再体験と疑似体験です。

（再体験）
・どのようなときに、どのような対応をすべきであったのか、改めて考える機会をつくる

（疑似体験）
・事業を止めないために、どこまでなら止めていいのかを考えておく。
　　ーネットワークのどこを止めても大丈夫なのか
　　ー調査に使えるログはどれか。正しく保存されているのか。それは
　　　取り出せるのか
・過去の失敗事例を知ることで、準備に必要なものを知る
　　ーあると思っていたログがなかった例の体験
　　ー保全をしなかったために原因がわからなかった例の体験
　　ー封じ込めが上手くいかなかったために、被害拡大が発生した例の
　　　体験
・組織的な対応（技術的な対応以外）の演習も忘れないようにする
　　ー組織内の連絡体制を把握する演習を行う
　　ー所管省庁等への報告手順も含めて演習を行う

5-2-5 レピュテーションリスク対策

　レピュテーションリスク（評判リスク）の対策は、適切なタイミングでの外部への情報共有や報告、公表などがありますが、それらを行うかどうかはコンプライアンスをはじめとして他の要素も関連します。いつ公表するのかといった、タイミングも重要な要素です。

　情報共有や報告の種類は、図表5－⑦のように分類することができます。

　このうち①は義務ですので、誠実に、早期に、判明している事実を正確に報告するという性格のものです。一方で、②は必須ではなく任意で行う活動ですが、他社・他組織での被害抑止や外部からの支援を期待して、個別に判断すべきものです。

　レピュテーションリスクと聞いてよく想起するのは、⑤対外公表でしょう。インシデントの発生が外部から観測できる場合には、早期に対応が必要です。まだ問題が広がっていない状態であっても、「隠蔽」だと受け止められないようにホームページ上で公表し、予防的に先手を打

図表5-⑦ 情報共有や報告の種類

種別	項目	目的
①法令等に基づく報告義務	●監督省庁への報告（業種による） ●適時開示（上場会社の場合） ●個人情報保護委員会への個人データ漏えい等報告	●法令等の順守（コンプライアンス）
②情報入手や対策のための共有活動	●JPCERT/CC、ISAC等業界での共有活動 ●IPAコンピュータウイルス・不正アクセス届出 ●警察への相談・通報	●他組織での被害抑止 ●外部からの助言・支援の獲得
③利害関係者への情報開示	●株主、取引先、顧客 ●個人情報の対象者（漏えい時）	●信頼関係の維持改善 ●社会的責任
④社内・組織内への注意喚起	●関係部署への情報共有・統制 ●その他の社員・職員への注意喚起	●自組織での二次被害抑止、再発防止
⑤対外公表	●ホームページ上での公表など	●レピュテーションリスク対応（予防的）
⑥マスメディア取材対応	●インタビュー、質問回答、記者会見など	●レピュテーションリスク対応

つ対応も考えられます。公表するかどうかの方針は、あいまいにせず早期に決めることが大切です。

　情報共有、報告などの種類ごとに、適切な実施タイミングの目安を図表5－⑧に示します。

　また、①法令等に基づく報告義務について「インシデント発生時の報告・通知義務チェックリスト」を作成し、このなかに報告内容や注意点などの説明を記載しましたので参考にしてください（図表5－⑨）。

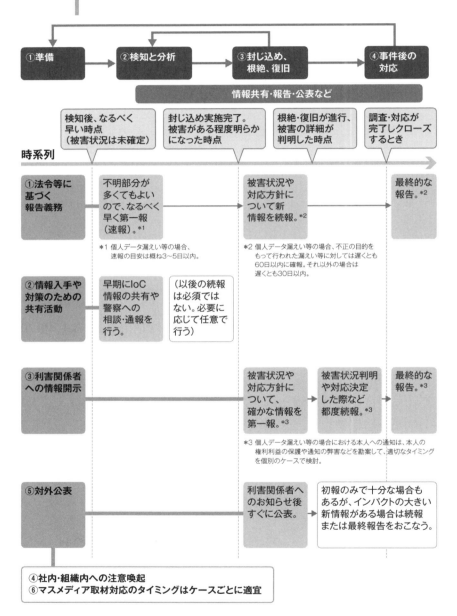

図表 5-⑧ 情報共有、報告などのタイミング（目安）

①準備 → ②検知と分析 → ③封じ込め、根絶、復旧 → ④事件後の対応

情報共有・報告・公表など

時系列

検知後、なるべく
早い時点
（被害状況は未確定）

封じ込め実施完了。
被害がある程度明らか
になった時点

根絶・復旧が進行、
被害の詳細が
判明した時点

調査・対応が
完了しクローズ
するとき

**①法令等に
基づく
報告義務**

不明部分が
多くてもよい
ので、なるべく
早く第一報
（速報）。*1

被害状況や
対応方針に
ついて新
情報を続報。*2

最終的な
報告。*2

*1 個人データ漏えい等の場合、
　速報の目安は概ね3〜5日以内。

*2 個人データ漏えい等の場合、不正の目的を
　もって行われた漏えい等に対しては遅くとも
　60日以内に確報。それ以外の場合は
　遅くとも30日以内。

**②情報入手や
対策のための
共有活動**

早期にIoC
情報の共有や
警察への
相談・通報を
行う。

（以後の続報
は必須では
ない。必要に
応じて任意で
行う）

**③利害関係者
への情報開示**

被害状況や
対応方針に
ついて、
確かな情報を
第一報。*3

被害状況判明
や対応決定
した際など
都度続報。*3

最終的な
報告。*3

*3 個人データ漏えい等の場合における本人への通知は、本人の
　権利利益の保護や通知の弊害などを勘案して、適切なタイミング
　を個別のケースで検討。

⑤対外公表

利害関係者へ
のお知らせ後
すぐに公表。

初報のみで十分な場合も
あるが、インパクトの大きい
新情報がある場合は続報
または最終報告をおこなう。

④社内・組織内への注意喚起
⑥マスメディア取材対応のタイミングはケースごとに適宜

図表 5-⑨ | **インシデント発生時の報告・通知義務チェックリスト（※一般事業者用）**

報告・通知義務の適用条件	報告・通知先	説明
個人データの漏えい、滅失、毀損などが発生し、または発生したおそれがある事態において、以下のいずれかに該当する場合 (1)個人データに要配慮個人情報が含まれる。 (2)個人データが不正に利用されることにより財産的被害が生じるおそれがある。 (3)不正の目的をもって個人データの漏えい等が行われたおそれがある。 (4)個人データに係る人の数が1000人を超える。 ※漏えいデータに高度な暗号化が施されている場合など、個人の権利利益が害されるおそれがない場合は除外される。	個人情報 保護委員会	個人情報保護法の定めによる、個人情報保護委員会への報告および本人通知義務。報告については概ね3〜5日以内の速報と、30日以内（左記(3)の場合は60日以内）の詳報が必要。詳細は以下のガイドラインに解説されている。
	個人データの 本人	個人情報保護委員会 「個人情報の保護に関する法律についてのガイドライン（通則編）」（平成28年11月。令和4年9月一部改正） https://www.ppc.go.jp/files/pdf/230401_guidelines01.pdf
マイナンバーを含む個人情報（特定個人情報）の漏えい、滅失、毀損などが発生し、または発生したおそれがある事態において、以下のいずれかに該当する場合 (1)マイナンバーに関する業務を行う情報システムやコンピュータで管理している情報である。 (2)不正の目的をもって個人データの漏えい等または利用や提供が行われたおそれがある。 (3)電磁的方法で不特定多数が閲覧し得る状態にあったおそれがある。 (4)特定個人情報に係る本人の数が100人を超える。	個人情報 保護委員会	マイナンバー法の定めによる、個人情報保護委員会への報告および本人通知義務。報告のタイミングや内容項目はマイナンバー以外の個人データに準じる。詳細は以下のガイドラインに解説されている。
	マイナンバーの 本人	個人情報保護委員会（平成26年12月11日。令和4年8月一部改正）「特定個人情報の適正な取扱いに関するガイドライン（事業者編）」 P.62「別添2 特定個人情報の漏えい等に関する報告等（事業者編）」 https://www.ppc.go.jp/files/pdf/2208_my_number_guideline_jigyosha.pdf
政府の定める重要インフラ事業者に該当する事業者において、情報漏えいやサービス停止などのインシデントが発生した場合（情報通信、金融、航空、空港、鉄道、電力、ガス、政府・行政サービス、医療、水道、物流、化学、クレジット、石油の14分野）	各分野の 所管省庁	分野ごとに所管省庁への報告義務が、各業法・ガイドライン等に定められている。各分野に関する法令・ガイドラインは以下にまとめられている。 サイバーセキュリティ戦略本部（2022年6月）「重要インフラのサイバーセキュリティに係る行動計画」 P.48「別紙2 重要インフラサービスとサービス維持レベル」 https://nisc.go.jp/pdf/policy/infra/cip_policy_2022.pdf
上場会社（またはその子会社等）において、重大なインシデントが発生した場合	各証券取引所等	上場会社やその子会社等である場合、各証券取引所の規程により適時開示が義務づけられている。適時開示の条件や開示方法などについては、各証券取引所の規程・ガイドラインを参照。
プライバシーマーク付与事業者において、個人情報の漏えい事故等が発生した場合	審査機関	プライバシーマークの規約による、審査機関への報告および本人通知義務。個人情報保護法と比べて全体的にやや厳しい。詳細は以下の規約を参照。
	本人への通知 および公表	一般財団法人日本情報経済社会推進協会（JIPDEC）プライバシーマーク推進センター「プライバシーマーク付与に関する規約」（2.0版 2023年12月） https://privacymark.jp/system/guideline/pmk_pdf/PMK500.pdf
その他の場合	—	●各省庁からの個別の指示・依頼に対する報告 ●各業界団体による自主規制規則に基づく報告義務 ●個別の契約に基づく報告義務（秘密保持契約、業務委託契約、防衛装備庁の情報セキュリティ特約など） ●海外の法令に基づく報告義務（GDPR、CCPAなど） 　　　　　　　　　　　　　　　　　　　　　　など

インシデントから学ぶ

経験から得られる学びと失敗のケーススタディ

ランサムウェアによる被害状況

　独立行政法人情報処理推進機構（IPA）が毎年公開している「情報セキュリティ 10 大脅威」では、組織の脅威で「ランサムウェアによる被害」が 2021 年から 3 年連続で 1 位となりました。警察庁の広報資料『令和 4 年におけるサイバー空間をめぐる脅威の情勢等について』の報告では、ランサムウェア被害は前年の 143 件から過去最大の 230 件まで増加しています。NEC へのお問い合わせでも、ランサムウェアに関する相談が数多く寄せられています。

　ランサムウェアによる被害は、第 1 章でも強調したように、企業の規模、業種を問わず広がっています。

　ランサムウェアによる被害を受けると、図表 5 −⑩のグラフにあるとおり、少なくない時間とコストをかけた復旧作業が必要になります。

　復旧期間は、国内では有効回答のうち 51％ の企業が 1 カ月未満で復旧できていますが、49％の企業については 1 カ月以上の期間、または復旧中となっています。海外を含んだ場合、約 80％の企業が 1 カ月未満で復旧できており、約 20％の企業については 1 カ月以上の期間を要しています。

　復旧にかかるコストは、国内では有効回答のうち 46％ 以上の企業が 1,000 万円以上の費用がかかったとしています。海外では、復旧にかか

図表 5-⑩ | インシデントから学ぶ

【ランサムウェア被害】

復旧期間

- 国内では、有効回答のうち51%の企業が1カ月未満で復旧できており、49%の企業については1カ月以上の期間、または復旧中となっている。（図A）
- 海外を含んだ場合、約80%の企業が1カ月未満で復旧できており、約20%の企業については1カ月以上の期間を要している。（図B）

即時～1週間未満
34件（26%）
復旧中
29件（22%）
2カ月以上
14件（11%）
1カ月以上～
2カ月未満
21件（16%）
有効回答
131件
1週間以上～
1カ月未満
33件（25%）

図A 復旧に要した期間
（警察庁）

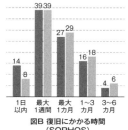

図B 復旧にかかる時間
（SOPHOS）

■2022年回答者数　3702人
□2023年回答者数　1974人

復旧にかかるコスト

- 国内では、有効回答のうち46%以上の企業が1,000万円以上の費用がかかったとしている。（図C）
- 海外では、復旧にかかる平均コストは2022年が140万ドル（約2億円）から2023年は182万ドル（約2億5000万円）に増加している。（図D）

100万円未満
29件（24%）
5000万円以上
16件（13%）
1000万円以上～
5000万円未満
40件（33%）
有効回答
121件
100万円以上～
500万円未満
19件（16%）
500万円以上～
1000万円未満
17件（14%）

図C 調査・復旧費用の総額
（警察庁）

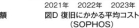

185万ドル　140万ドル　182万ドル
2021年　2022年　2023年

図D 復旧にかかる平均コスト
（SOPHOS）
回答者数:2006社（2021）／
3702社（2022）／1974社（2023）

（出所）
【国内データ参考資料】
https://www.npa.go.jp/publications/statistics/cybersecurity/data/R04_cyber_jousei.pdf (npa.go.jp 2023.03.16)
【海外データ参考資料】
https://assets.sophos.com/X24WTUEQ/at/3wqtkksqhm96h598btmh39m3/sophos-state-of-ransomware-2023-wpja.pdf (sophos.com 2022.07.27)

　る平均コストは2022年が140万ドル（約2億円）から2023年は182万ドル（約2億5,000万円）に増加しています。

　では、どうすればランサムウェアによる被害を最小限に抑えることができるのでしょうか。

　本節では、ランサムウェア感染時のケーススタディを2つ取り上げ、インシデントが起きてしまったら何をすべきか、また、何をしていたら検知・防止できたのかを紹介します。そこから見えることやインシデントが起きた際のイメージを膨らませ、自社ですべきことや足りないものなどの気づきを得るのに役立ててください。

5-3-2 | ランサムウェア事例①

　被害企業 A 社は、ランサムウェアによって企業内の複数のサーバが暗号化されてしまいました。その中にはeコマースの運用に使用しているデータベースも含まれています。また、ファイルサーバには個人情報が入っており、これは重要資産に該当します。

　サーバやネットワークの運用は外部のシステム会社に委託しており、IT 担当者は自社の環境をあまり把握できていませんでした。CSIRT は未構築で、セキュリティパッチが未適用の機器も多数ありました（図表5－⑪）。

図表 5-⑪ | 事例①の概要

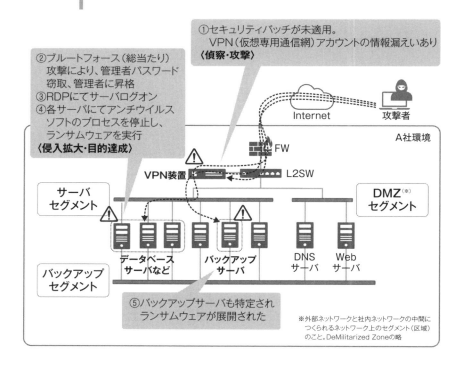

① セキュリティパッチが未適用。
VPN（仮想専用通信網）アカウントの情報漏えいあり
〈偵察・攻撃〉

② ブルートフォース（総当たり）攻撃により、管理者パスワード窃取、管理者に昇格
③ RDPにてサーバログオン
④ 各サーバにてアンチウイルスソフトのプロセスを停止し、ランサムウェアを実行
〈侵入拡大・目的達成〉

Internet　攻撃者

A社環境

FW

VPN装置　L2SW

サーバセグメント

DMZ(※)セグメント

データベースサーバなど　バックアップサーバ　DNSサーバ　Webサーバ

バックアップセグメント

⑤ バックアップサーバも特定されランサムウェアが展開された

※外部ネットワークと社内ネットワークの中間につくられるネットワーク上のセグメント（区域）のこと。DeMilitarized Zoneの略

侵害は、大きく５つのプロセスで行われていました。

〈偵察・攻撃〉

① VPN 装置のセキュリティパッチが未適用。VPN（仮想専用通信網）アカウントの情報漏えいあり

　・侵入拡大・目的達成

②サーバセグメントへのブルートフォース（総当たり）攻撃により、管理者パスワード窃取、管理者に昇格

③ RDP（リモートデスクトップ）接続で各サーバに横移動

④各サーバにてアンチウイルスソフトのプロセスを停止し、ランサムウェアを実行

⑤バックアップサーバも特定され、ランサムウェアが展開された

　インシデント収束までのタイムラインは図表５-⑫のとおりで、システム再稼働までは約３カ月を要しました。

　一方で、攻撃側の侵害から目的達成までのタイムラインは図表５-⑬のとおりで、目的達成までわずか３時間足らずの出来事でした。

事例①
インシデント収束までのタイムライン

日時	対応内容
発生	●あるサーバにてファイルの暗号化およびランサムノート（脅迫文）が設置されていることを確認
翌日～翌々日	●システムの運用会社と連携し、ファイルが暗号化されているサーバを独自に調査 ●自社ホームページにシステム障害について掲載
3日後	●NECセキュリティに相談を開始 ●VPN*¹機器の運用停止 ●自社ホームページに不正アクセスについて掲載
11日後	●NECセキュリティと契約締結完了 ●自社ホームページに不正アクセスの調査状況を掲載
13日後	●NECセキュリティより初報を受領、VPNアカウントの情報漏えいを確認 ●自社ホームページに不正アクセスの調査状況を掲載 ●可能なものから復旧作業を調査と並行して実施
25日後	●NECセキュリティより中間報告を受領 ●自社ホームページに不正アクセスによる個人情報漏えいの可能性を掲載
35日後	●NECセキュリティから最終報告を受領
3カ月後	●自社ホームページにシステム再稼働の報告、セキュリティ委員会の設置や、導入した対策についての報告を掲載
その他	●地元警察への被害届提出、個人情報保護委員会や、関連組織への報告を適宜行った

*1 VPN (Virtual Private Network)：仮想プライベートネットワークは、インターネットにまたがって、プライベートネットワークを拡張する技術、およびそのネットワーク。

図表 5-⑬ **事例①**
攻撃側の侵害から目的達成までのタイムライン

日時	事象
1カ月前	内部サーバのログに、VPNセグメントからの不審なアクセスログを確認
事象発生	VPN機器に海外のIPアドレスからアクセスあり。VPNアカウントを侵害し、不正アクセスをしている形跡あり
4分後	社内の各サーバにて、攻撃者によるネットワーク内のスキャンと思われるログを確認
9分後	社内の各サーバにてブルートフォース攻撃と考えられるログを確認、攻撃が成功しているログを確認。ドメインのAdministratorアカウントが侵害される
15分後	同一セグメントの全サーバに大量のネットワークログオンが発生（すべてログオン成功）
30分後	サーバAにリモートデスクトップ接続成功のログを確認
50分後	サーバBにリモートデスクトップ接続成功のログを確認
67分後	サーバBにてアンチウイルス機能を停止（異常停止のイベントログ）、ランサムウェアの実行の履歴を確認
110分後	複数のサーバにリモートデスクトップ接続成功、アンチウイルス機能を停止、ランサムウェアの実行の履歴を確認
170分後	バックアップサーバにリモートデスクトップ接続成功、アンチウイルス機能を停止、ランサムウェアの実行の履歴を確認
175分後	VPN接続断

約2カ月間をかけて調査を実施したところ、さまざまな実態が確認されました。

〈偵察〉
□クレデンシャル情報の漏えいあり
・インテリジェンス調査でVPNのクレデンシャル情報※が1年以上前から漏えいしていたことを確認しており、何らかの手段で攻撃者が漏えいしたクレデンシャル情報を手に入れていた可能性が考えられる。

※クレデンシャル：情報セキュリティ分野では、認証の際に用いられるユーザーIDや、ユーザー名、認証番号、パスワード等の識別情報の総称を指す。

〈初期アクセス〉
□VPNアカウントの侵害
　VPNログに普段利用されていないアカウント（漏えいが確認されたアカウント）の利用履歴があり、その接続元のIPアドレスが海外のIPアドレスであることが判明した。また、その接続の際に払い出されていたVPNセグメントのIPアドレスが、暗号化されたサーバのリモートデスクトップ接続に関連するイベントログに記録されていた。そのためVPN接続を起点に侵害が発生したと判断できる。

〈永続化〉
□VPNクライアント
　VPN経由で社内に接続できるため、リモート接続を維持するための他のマルウェアの展開は不要であったと思われる。ランサムウェア以外の不審なファイルは確認されなかった。

〈権限昇格〉
□ブルートフォース攻撃によるドメイン管理者パスワード窃取
　社内ネットワークに侵入した直後、ネットワークスキャンと思われる

通信と、ブルートフォース攻撃と思われる通信のログが各サーバのイベントログで確認された。そのうちいくつかのサーバでブルートフォース攻撃中にログイン成功のログが出ていること、その数分後に各サーバへのドメイン管理者アクセスが始まっていることから、ブルートフォース攻撃によってドメイン管理者のパスワードを取得したと推測する。

〈侵入拡大〉

□リモートデスクトップ接続による横展開

• 各サーバのイベントログを確認した結果、横展開はドメイン管理者アカウントによるリモートデスクトップ接続であることが判明した。

• VPN で払い出す IP アドレスのレンジが組織のサーバセグメントと同一セグメントであり、またアクセス制限も設定されていなかったため、サーバへの侵害が早まった。

〈防衛回避〉

□BYOVD 攻撃※によるアンチウイルスソフトの停止

脆弱性のある Microsoft の署名付きドライバをサーバにインストールし、そのドライバのカーネルモードを利用してアンチウイルス機能を停止していた。

※ BYOVD 攻撃（Bring Your Own Vulnerable Driver）：脆弱性を持つ、署名済みの正規ドライバを攻撃対象にインストールし、OS のカーネルを利用してセキュリティ機能を無効化する攻撃

〈持ち出し〉

□痕跡なし

ファイアウォールログおよび VPN のログを確認したが、持ち出しを示唆する痕跡は確認されなかった。

〈目的達成〉

□ランサムウェアの実行

　ドメイン管理者権限にてランサムウェアが実行された。

　では、攻撃を防ぎ切れず、これほどの被害につながった理由は何だったのでしょうか。システム・運用に関する確認された課題は、主に6点ありました。

> ### ① VPN 機器のセキュリティパッチが未適用
> 　システムの運用会社がセキュリティパッチを適用してくれていると思っていたが、対象の VPN 機器はサポート範囲外であった。

→ UTM※や VPN 機器は外部に公開されている特性から、常に多くの攻撃にさらされている。脆弱性情報の入手とタイムリーなアップデートが必要。アップデート後の報告フローなどを整備し、作業漏れが発生しないようにモニタリングする必要がある。

※ UTM (Unified Threat Management):「統合脅威管理」と呼ばれ、従来のファイアウォールなどに比べ、ウイルス感染対策や迷惑メール対策など、セキュリティ対策の範囲が拡張されているセキュリティ製品

> ### ②パスワードポリシーが整備されていない
> 　ドメイン管理者のパスワードが推測容易な値であった。また、アカウントのロックアウト機能も利用していなかったため、攻撃者の侵入後、ブルートフォース攻撃によりドメイン管理者のパスワードが窃取された。

→ブルートフォース攻撃やパスワードスプレー攻撃といった総当たり攻撃を想定し、適切なパスワードの設定およびロックアウト機能の有効化といったパスワードポリシーを整備する必要がある。

③ネットワークセグメントが分割されていない

　VPN のセグメントがサーバと同一セグメントであった。そのためサーバへの侵害が早まった。

→サーバセグメントとは別のセグメントに分割し、「最小権限の原則」に従ったアクセス管理を行う必要がある。

④ログの保管期間が短い

　機器で保持できるだけのログ（1 週間程度）しか残存していなかった。

→一般社団法人 JPCERT コーディネーションセンター（JPCERT/CC）では、ログの保存期間として過去 1 年が推奨されている。経済産業省や JPCERT/CC が出しているガイドラインを参考に、適切なログ管理を行う必要がある。

⑤サポート期限切れの OS

　レガシーシステムを動作させるため、サポートの切れている古い Windows OS が運用されていた。

→サポートが切れている OS については、修正プログラムが提供されないため、攻撃者が内部侵入後に脆弱性を悪用し、侵害の起点となってしまうケースが考えられる。最新の OS にアップデートができない場合は、ネットワークから切り離した運用や厳密なアクセス制限などを検討する必要がある。

⑥情報漏えいの検知

　VPN のクレデンシャル情報が漏えいしていたことが確認されている。攻撃者もこれらの情報を入手し侵害を行った可能性がある。

→自社の機密情報やクレデンシャル情報、攻撃コードなどが公開されてしまうことがある。リスクを早期に検知するため、公開情報の調査や脅威インテリジェンス関連のサービスを活用し、情報資産の漏えいや自社に関わる脅威をモニタリングする必要がある。

　また、インシデントレスポンスにも課題があったことが、後の調査内容や調査期間に対し、影響を与えてしまいました。

□経営層の理解が足りず、契約までに時間を要した
　経営層がセキュリティベンダに依頼する場合の費用の相場感や作業内容への理解がなく、自社でできる範囲の確認や費用を抑える交渉が発生した。それにより契約締結が遅れた。
→契約締結が遅れることにより、被害の拡大や作業の遅延が懸念される。平時よりフォレンジックやインシデントレスポンス支援の内容や費用を把握し、インシデント発生時の予算として予め計上しておく、または緊急時に直ちに対応してもらえるよう、セキュリティベンダとの年間契約が必要である。

□作業手順書がないため、保全作業に時間を取られた。また一部ログが消失した
・被害企業の担当者が、セキュリティ機器からのログ取得や、仮想基盤からのイメージ取得などに対応したことがなく、保全作業に時間を要した。それにより調査が遅延した。
・保全作業を行う前に、アンチウイルスソフトによるフルスキャンが実施されたサーバがあった。それによりフォレンジック調査で必要になる情報が消失・上書きされてしまった。
→インシデント発生時に備え、平時からシステムの保全・復旧プロセスを検証し、明確にしておく必要がある（マニュアルの整備）。

□調査対応時間の認識にズレがあった

　土日、祝日などセキュリティベンダは稼働しないケースが考えられる。緊急の場合であり、土・日曜、祝日も対応が必要な場合は、事前に個別対応の要求をしておかなければならない。

5-3-3　ランサムウェア事例②

　被害企業B社は、ランサムウェアによって企業内の複数のサーバが暗号化されてしまいました（図表5-⑭）。

　CSIRTは未構築で、システム子会社が存在します。

　侵害は、大きく7つのプロセスで行われていました。

図表5-⑭ | **事例②の概要**

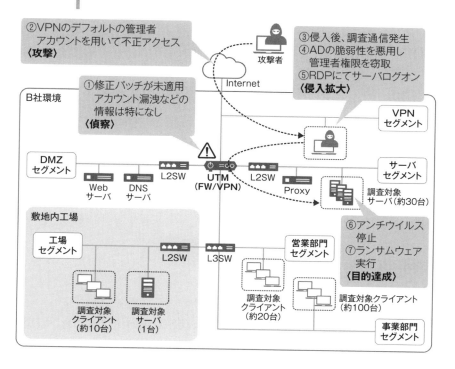

（偵察）

①修正パッチが未適用。アカウント漏洩などの情報は特になし

（攻撃）

② VPN のデフォルトの管理者アカウントを用いて不正アクセス

（侵入拡大）

③侵入後、調査通信発生

④ Active Directory の脆弱性を悪用し管理者権限を窃取

⑤リモートデスクトップ接続にてサーバログオン

（目的達成）

⑥アンチウイルス製品の停止

⑦ランサムウェア実行

　インシデント収束までのタイムラインは図表5−⑮のとおりで、システム完全復旧までは約3カ月を要しました。

　一方で、攻撃側の侵害から目的達成までのタイムライン図表5−⑯のとおりで、約2.5時間で目的を達成していました。

　調査を実施したところ、次のように実態が明らかになりました。

〈偵察〉

□不明

　公開情報を調査したが、アカウントの漏えいや被害企業に関連する脅威情報は確認されなかった。また、残存ログからはブルートフォースの痕跡は確認されなかった。

〈初期アクセス〉

□ VPN アカウントの侵害

・UTM の VPN ログに、海外の IP アドレスから普段利用されていない「デフォルトの管理者アカウント」を利用した接続が記録されていた。また、そのときに払い出されていた VPN セグメントの IP アドレスが、暗号

図表 5-⑮ | **事例②**
インシデント収束までのタイムライン

日時	対応内容
当日 9時	●エンドユーザよりシステム子会社に相談あり
～13時	●サーバの暗号化の確認、すべての物理サーバのLANケーブル抜線
～17時	●各部署に電話連絡、すべてのクライアントPCをシャットダウン、LANケーブル抜線。警察に相談
翌日	●NECセキュリティへ相談（システム子会社経由）、被害状況の確認および調査方針の相談 ●被害企業ホームページにてランサムウェア感染被害を公開
2日後	●NECセキュリティより見積もり提示
3日後	●内示あり。NECセキュリティが現地入り。サーバ約30台および営業部門、業務部門のクライアントPCの保全作業を開始、ネットワーク関連ログを現地で並行して調査 ●工場内のクライアントPC、および、専用サーバ1台については被害企業の情報システム部門にて保全実施 ●被害企業ホームページにて決算発表延期のお知らせ
4日後	●NECセキュリティよりVPN侵害の可能性が高いと連絡あり ●監査法人より、決算報告に利用するデータの完全性に関する指摘あり
7日後	●工場内の専用サーバを除くサーバ、および、クライアントPCの保全完了 ●工場内に設置されている専用サーバの保全について製造元への問い合わせが発生し、保全作業が難航
10日後	●NECセキュリティより調査速報受領。 　クライアントについてはランサムウェアの影響なし
17日後	●NECセキュリティより中間報告。感染経路、クライアント約130台およびサーバ約30台の感染状況を報告。 　サーバ20台弱がランサムウェアに感染、Active Directory、Linuxサーバおよびクライアントは影響なし
23日後	●被害企業ホームページにて中間報告の内容を元に、ランサムウェア感染に関する調査状況を公開 ●新規にUTM機器を用意し、暫定的なネットワークを構築。クライアントの利用を再開
35日後	●NECセキュリティより最終報告
40日後	●被害企業ホームページにて復旧の目処（公開日より2カ月後）を公開

事例②
攻撃側の侵害から目的達成までのタイムライン

日時	事象
2カ月前	海外のIPアドレスよりVPN接続成功の接続履歴あり（UTMのVPNログ）※この時は特に何もせず切断している
発生	海外のIPアドレスよりVPN接続成功の接続履歴あり。ネットワークスキャン発生（イベントログ、管理ログ）
8分後	被疑VPNクライアントより、Active Directoryに対する脆弱性を悪用した攻撃の履歴あり（イベントログ）
13分	被疑VPNクライアントより、Active Directoryに対するリモートデスクトップ接続成功の履歴あり（イベントログ）
30分後〜90分後	被疑VPNクライアントより、サーバAに対するリモートデスクトップ接続成功の履歴あり。サーバAにて以下の痕跡が確認された ●アンチウイルス機能の停止 ●ランサムウェア実行（ドメイン管理者）
45分後	その他のサーバにドメイン管理者にてリモートデスクトップ接続、順次ランサムウェアを展開
150分後	VPN接続遮断（以降、サーバでは暗号処理が続いているが、攻撃者の作業はここで一旦終了）
570分後	海外のIPアドレスよりVPN接続成功の接続履歴あり

化されたサーバのリモートデスクトップ接続に関連するイベントログに
記録されていた。そのため VPN アクセスを起点に侵害が発生したと判
断できる。

・UTM の Config ファイルにコマンドインジェクションを可能にする攻
　撃痕跡が確認された。

〈永続化〉

□ VPN クライアント

　VPN 接続経由で社内にアクセスできるため、リモートアクセスを維
持する他のマルウェアの展開は不要であったと思われる。ランサムウェ
ア以外のマルウェアは確認されなかった。

〈権限昇格〉

□ Active Directory の脆弱性を悪用し権限昇格

　Active Directory のイベントログに脆弱性を悪用した際に記録される
特徴的なログを確認。

〈侵入拡大〉

□リモートデスクトップ接続によるラテラルムーブメント※

・横展開はドメイン管理者アカウントによるリモートデスクトップ接続
　だった。

・VPN セグメントとサーバセグメントは分割されていたが、特にアク
　セス制御がされておらずサーバ全体に被害が及んだ。業務部門セグメ
　ント、営業セグメント、工場セグメントについてはリモートデスクトッ
　プアクセスが制限されているため被害を受けなかった。

※ラテラルムーブメント：外部の攻撃者やマルウェアが企業の内部ネットワークの
侵入に成功した後、ネットワーク内を横移動し、侵害範囲を拡大していく攻撃手法。

〈持ち出し〉

□調査できず

　持ち出しについては、ファイアウォールのトラフィックログが残存していなかったため、詳細な調査はできなかった。Proxy のログでは不審な通信は確認されなかった。

〈防衛回避〉

□アンチウイルスソフトの停止

　ランサムウェア実行前に、ドメイン管理者権限でアンチウイルス機能が停止されていた。

〈影響〉

□ランサムウェアの実行

・調査対象の約 30 台のサーバのうち、リモートデスクトップ接続が可能な 20 台弱のデータが暗号化された（Linux のサーバは問題なし）

・一部のサーバでは論理ドライブがフォーマットされた形跡があった。

　こうした被害が発生した背景となった、システム・運用に関する確認された課題として、主に 6 点ありました。

①ネットワーク機器の運用

　以前の担当者が退職し、業務の引き継ぎがうまく機能せず、アップデートが実施できていなかった。また、利用していない VPN アカウントなども多数みられ、定期的なアカウントの棚卸しはされていないようだった。

→ UTM や VPN 機器は外部に公開されている特性から、常に多くの攻撃にさらされている。脆弱性情報の入手とタイムリーなアップデートが必要。アップデート後の報告フローなどを整備し、作業漏れが発生しないようにモニタリングする。また、本事案では工場出荷時の初期管理者

アカウントが攻撃に利用されている。不要な初期アカウントや退職した利用者のアカウントが存在していないか、定期的に棚卸しを実施し、メンテナンスをする必要がある。

---

②多要素認証未使用

　VPN の認証は ID とパスワードのみ。いずれのアカウントでも、デバイス認証やトークンなどの多要素認証は利用されていなかった。

→ VPN は侵害の起点となるケースが非常に多く見られる。クライアント証明書などの端末ベースの認証や、ワンタイムパスワードなどの導入を検討し、VPN 利用におけるセキュリティレベルを上げる必要がある。

---

③サーバの運用

　いくつかのサーバで、Windows Server のセキュリティパッチが適用されていなかった。そのため既知の脆弱性を悪用された。

→導入している OS やソフトウェアについての脆弱性情報を適宜入手し、速やかに更新する必要がある。タイムリーな適用が困難な場合は、セキュリティ製品を導入し、内部サーバに対する攻撃の検知・防止の仕組みを検討する。

---

④アクセス制御

　DMZ へのアクセス制御はされていたが、その他のセグメントはほとんどアクセス制御がされていなかった。そのため VPN セグメントからクライアントセグメントに対してのリモートデスクトップ接続などが発生した。

→ネットワークセグメントは用途に応じて適切な単位で分割し、必要最低限のアクセス制限を設定することで、仮に攻撃者がネットワーク内部

に侵入しても、移動を困難にさせる効果が見込まれる。適切なアクセス制御を検討する必要がある。

---

⑤**バックアップ方式**

　各システムのバックアップは取得していたが、バックアップサーバと各サーバはバックアップセグメントで接続されていた。またバックアップサーバもリモートデスクトップ接続が可能だった。そのため、バックアップデータもすべて暗号化された。

→ランサムウェア感染などを想定し、バックアップデータは定期的にネットワークアクセスのできない外部媒体（ハードディスクやテープデバイス）に保管する、または、変更／削除などができない不変ストレージに保管しておく必要がある。

---

⑥**ログ管理**

　Syslog サーバは存在せず。いずれも機器が保持できる期間のログしか残存していなかった。そのためデータの持ち出しなどの詳細調査が行えなかった。

→ JPCERT/CC では、ログの保存期間として過去1年が推奨されている。経済産業省や JPCERT/CC、NIST などが出しているガイドラインを参考に、適切なログ管理を行う必要がある。

そして、インシデントレスポンスにも課題がありました。

---

①**マニュアルの整備・検証**

　インシデント発生後、保全をすることなくアンチウイルスのフルスキャンを実施したことや、サーバを起動させたままにしていたため、フォレンジックで必要になる情報が消失・上書きされてしまった。

> 工場内にカスタマイズされた業務専用サーバあり。保全をするに
> 当たりメーカーへの確認が発生し作業が長引いた。

→インシデント発生時に備え、平時からシステムの保全・復旧プロセス
を検証し、明確にしておく必要がある（マニュアルの整備）。

> **②会計業務への影響**
> 　監査法人から決算業務に対する影響について、ヒアリングや相談
> が行われた。

→財務会計システムに感染の疑いがある場合、または会計監査などに対
する影響が考えられる場合は、早期に関係者と関連業務に関する相談を
しておく必要がある。セキュリティベンダに対してインシデント調査以
外の対応が要求されることが想定される場合は、対応内容を要件に含め、
セキュリティベンダと調整をする必要がある。

5-3-4　インシデント事例からの学び

　２つの事例を見てきましたが、いずれのケースも侵害原因は「システ
ム的な対策や運用の不備」でした。また、インシデントに対する準備や
理解不足により対応が遅れ、結果として機会損失期間の拡大や、復旧コ
ストの増大などに見舞われてしまいました。
　上記の事例も含め、NEC がお客様のインシデント対応を支援してき
た中で、被害が大きかったケースの多くにはいくつかの共通する点が見
受けられました。インシデントに備えるための参考として、とくに多く
見られた共通の課題を以下に挙げます。

〈脆弱性対策が行われていない機器・サーバがある〉
　侵害されてしまったケースのほとんどで、脆弱性に関して以下のよう

な対策不足があり、攻撃者に利用されていました。

□ VPN や UTM のようなネットワーク境界の機器に対して、脆弱性の
あるバージョンのソフトウェアがアップデートされないまま年単位で放
置されている。

□ Active Directory のような内部の重要サーバに対して、アップデー
トがされていない、またはセキュリティに関して脆弱な設定になってい
る、など。

〈社内のネットワークセグメントが適切に定義されていない〉

攻撃者は侵入後、ネットワーク内を移動しながら攻撃を拡大します。
たとえば、以下のようにネットワークセグメントの分割が不十分であっ
たり、セグメント間のアクセス制御が適切に設定されていないため、侵
害が急速に進行してしまうケースが多く見られました。

□社内ネットワークが、セグメントに分割されていない。

□分割されていても、アクセス制御が一切されていない、またはセグメ
ントを跨いだ RDP（リモートデスクトップ）やファイル共有などの不
必要な通信が許可されている、など。

〈侵害を検知する仕組みがない、または運用されていない〉

侵害を検知する仕組みが不十分であるために、侵害の進行に気づけず
初動対応が遅れるケースが多く見られました。

□アンチウイルス製品、IDS/IPS、EDR、アノマリ検知※などのセキュ
リティ製品が導入されていない

□導入されていても、定義ファイルの更新や検知アラートへの対応がさ
れず放置されている、など。

※アノマリ検知：異常検知とも呼ばれ、機械学習などを用いて平常時のデータから
行動・通信パターンを定義し、そこから逸脱する「異常」な兆候を検知する仕組み

〈バックアップが十分に取得されていない〉

　バックアップの不備により、復旧に支障をきたすケースが多く見られました。重要データをテープや外付けハードディスクなどの外部記憶媒体で保管することが望まれます。

□復旧に必要なデータのバックアップが取得されていない。

□取得されていても、オンライン（サーバ上）で保管されていたためランサムウェアにより暗号化されてしまった。

〈インシデントハンドリングに対する重要性が浸透していない〉

　事例でも見たとおり、以下のような理解・準備不足からインシデントハンドリングの各フェーズにおいて、判断の遅れや対応ミスが生じ、結果として被害規模および復旧日数が膨れ上がることがあります。

□インシデントハンドリングの体制や設備について、事前準備の重要性が理解されず後回しにされる。そのためインシデントが発生したときに、対応する人員もツールも足りず対応が進まない、または誤った対応をしてその後の調査に悪影響を及ぼす。

□インシデント発生時に必要となる、外部のセキュリティベンダとの契約や、関係機関への報告、ネットワーク遮断、業務の一時停止などを実行するための判断基準や手順が検討されていない。そのため判断が遅滞し、調査開始や封じ込め作業が遅れる、など。

〈実際を想定した訓練がされていない〉

　CSIRTなどの体制がある場合でも、実際にインシデントが発生すると、想定もしていなかったことが発生し対応が遅れる、または何もできなかったというケースが見られます。平時から実際のインシデントを想定した訓練を行っておくことが必要です。

□たとえば、ランサムウェアの被害により、ネットワーク構成図や、インシデント対応マニュアルのファイル自体も暗号化されてしまい、プリントアウトもしていないため対応できなくなった、など。

以上のとおり、NEC が見てきた実際の侵害ケースから代表的な課題を取り上げました。こうした事例からの課題を知り、準備することで、自組織での侵害発生リスクの大幅な低減や早期復旧の効果が望めると考えます。

　弊社がインシデントの調査結果をお客様へ報告する際、経営層の方から「なぜうちが狙われたのか？」と尋ねられるケースが多々あります。もしかしたら、「うちがターゲットになることはないだろう」と考えていたのかもしれません。

　しかし、攻撃者は機械的に攻撃可能な対象を探したり、「ダークWeb」と呼ばれる匿名ネットワーク上の取引で、攻撃対象の情報を容易に入手できるようになってきています。そのため、昨今では実際に業種や規模を問わず、さまざま企業が被害に遭っており、その数も年々増加しています。

　これらのことからも、すべての経営層は当事者意識を持ち"いつかインシデントが起きる"ということを前提としてインシデントハンドリングに向き合う必要があるのです。

おわりに

　一度インシデントが発生すると、企業の業務は停止し、状況の把握も困難になり、非常に悲惨な状況に陥ることがあります。

　日々の業務で様々なお客様や組織のインシデント対応にあたり、そうした切迫した状況を目の当たりにする度に、「インシデントを減らす方法はないか」と、また「そもそもインシデントに遭遇しないようにするにはどうしたらよいか」と、強く思うようになりました。

　短期的にはシステム的な対策が必要だとは思いますが、それだけでは防ぎきれない、より根本的な課題があると感じています。

　やはり、セキュリティ対策を特別なものとしてではなく、ビジネス戦略の一環として扱う必要があるのではないでしょうか。そのためには、経営層がセキュリティについて深く理解し、ビジネスとの整合性を図ることが求められています。

　一方で、経済産業省や独立行政法人情報処理推進機構（IPA）が発行する『サイバーセキュリティ経営ガイドライン』が改訂され続けており、経営層やCISO（最高情報セキュリティ責任者）向けのセキュリティ関連書籍もいくつか登場しています。これにより、「セキュリティが経営層の課題である」という認識が社会的にも高まっていると感じています。

　もっとも、情報はある程度出ているものの、「経営層がセキュリティをどのように捉え、ビジネス戦略に取り込むべきか」という点に関しては、まだ十分な情報が提供されていないと感じており、「何をどこまで行うべきか」「どのように取り組むべきか」という疑問に十分答えられていないように思います。

　そこで、本書執筆の機会を得た際、経営層がセキュリティについて理解を深める助けとなるような内容にすることを心がけました。

　私自身の知識や経験にはまだまだ不足があるかもしれませんが、本書が経営層のみなさまのセキュリティに対する考え方に少しでも貢献できれば幸いです。

　本書の執筆にあたり、多くの方々からのご協力、ご指導、アドバイスをいただきました。執筆メンバーおよびご協力いただいたすべての方々に、この場を借りて感謝申し上げます。

　また、本書の編纂に際し、企画編集で活躍してくださった押山知子さん、峰岸幸世さん、山井忠則さん、若山拓巳さんに感謝の意を表します。また、制作にご協力いただいたプレジデント社の渡邉崇さん、田所陽一さん、加藤学宏さん、三津田治夫さんにも御礼申し上げます。

　最後になりましたが、本書の出版の機会を与えてくださった吉崎敏文さんに厚く感謝いたします。また、日頃からCISOとしての大いなる指導をいただいた小玉浩さんにも深く感謝いたします。

淵上真一

執筆者一覧

〈代表執筆者〉
淵上　真一（ふちがみ　しんいち）第1章～第5章担当、全体統括

〈執筆者〉　※五十音順
青木　聡（あおき　さとし）第3章担当
暗号技術を用いたセキュリティ研究開発、脆弱性診断サービスやコンサルティング、NEC グループ内のセキュリティ人材育成などを経て、現在は NEC グループの製品・システム・サービスに対してセキュリティを確保するためのセキュア開発・運用を推進。推進リーダーとして、セキュア開発・運用ルール策定や展開、脆弱性マネジメント、セキュリティインシデント発生時のハンドリングをリード。CISSP、CISA を保持。

有松　龍彦（ありまつ　たつひこ）第5章担当
20年以上、サイバーセキュリティ分野にて設計・構築を行い、MSSP サービスの立ち上げやお客様先 SOC の構築、運用サポートなどに従事。これまでのアナリスト業務やインシデントレスポンス業務の経験に基づき、サイバーセキュリティ事業統括として、データドリブンサイバーセキュリティ事業などの新規ビジネスの企画を遂行。CISSP を保持。

宇都田　賢一（うつだ　けんいち）第3章担当
公共機関のネットワークシステムインテグレーション、販売支援などを経て、現在はサイバーセキュリティ領域のタレントマネジメントを企画・実行するチームを率いる。事業部門におけるプラス・セキュリティ人材のあり方や育成の検討、ISC2 との戦略的提携による CISSP 拡大を推進、国立高専機構との実践的な人材の育成にも貢献。SC3 産学官連携ワーキング・グループ委員。CISSP、情報処理安全確保支援士を保持。

奥山　聖（おくやま　しょう）第3章担当
金融機関向け業務アプリケーション開発やデジタルメディアサービス基盤の構築・運用を経験した後、重要インフラや民間企業等のセキュリティ対策システムの構築や運用を推進。2023年よりデータドリブンサイバーセキュリティ事業の推進リーダーとして、セキュリティコンサルからデリバリーまでを統括。

角丸　貴洋（かくまる　たかひろ）第2章コラム、第4章担当
研究所にてモバイル・ネットワークを中心にセキュリティの研究開発に従事。標準化活動やドイツでの研究活動等を経て、サイバーセキュリティの技術戦略を担当。現在は、サイバーインテリジェンスチームのリーダーとして、脅威インテリジェンスの普及に努める。CISSP、GIAC（GCTI）を保持。FIRST、SANS THIR Summit、AVAR などでの講演実績多数。

鹿島　謙一（かしま　けんいち）第2章、第3章担当
ネットワーク機器のソフトウェア開発からスタートし、20年以上にわたりサイバーセキュリティ領域の製品・サービス開発、ビジネスを推進。IoT/OTセキュリティ事業を立ち上げる。現在はサイバーセキュリティ戦略統括補佐として、主に事業企画、政策渉外、タレントマネジメント、ブランディングを担当。株式会社サイバーディフェンス研究所取締役兼任。CISSP、情報処理安全確保支援士を保持。

後藤　淳（ごとう　じゅん）第4章担当
20年以上にわたり、サイバーセキュリティ事業の製品開発に従事。国家安全保障を支えるお客様向けの最先端サイバーセキュリティソリューションやシステムの事業統括を経て、サイバーセキュリティ事業統括を担当。NECグループのセキュリティCoEのビジネスリーダーとして、データドリブンサイバーセキュリティ事業を立ち上げ、2023年12月よりNECセキュリティ株式会社の取締役執行役員に着任。CISSPを保持。

佐藤　裕（さとう　ゆう）第5章担当
デジタルフォレンジック、インシデントレスポンス支援、脅威インテリジェンス業務に従事。大規模国際イベントでの脅威インテリジェンス業務およびフォレンジック業務のリーダーを担当。現在は、主業務の外、官公庁や大企業向けのフォレンジック研修、セキュリティアドバイザリなどを行っている。CISSP、情報処理安全確保支援士を保持。

田中　洋（たなか　ひろし）第5章担当
官公庁や大企業のお客様を中心にMSS事業におけるカスタマーサクセス、サイバーセキュリティ・コンサルティングに従事。SOCでの知見をさらに価値あるものとしてお客様に提供。2016年から2021年まで欧州でのSOC拠点設立および統括を担当。コンサルタントとしては平時のセキュリティ体制整備や教育訓練、およびインシデント発生時の対処の助言まで幅広くお客様の支援を行う。CISSP、CISAを保持。

中村　直生（なかむら　なおき）第5章担当
15年以上、サイバーセキュリティや不正調査などに関するデジタルフォレンジックおよびインシデントレスポンス業務に従事。Windows/Linux/Mac/スマートフォン/クラウドデータなど、様々なデータの解析を行う。様々なフォレンジック研修の作成および講師も担当。GIAC（GCFA、GCFE、GREM、GNFA、GCIH、GBFA、GPEN）、EnCE、情報セキュリティスペシャリストなどを保持。

〈企画・編集者〉※五十音順
押山　知子（おしやま　ともこ）
セールス・新規事業開発などを経て、DXマーケティングに従事。NECのDXプレゼンス向上に向けて、マーケットインテリジェンスを活用しながらDX事業戦略強化・発信に取り組む。

峰岸 幸世（みねぎし　ゆきよ）
ミドルウェア開発、クラウド基盤商材のマーケティングを経て、サイバーセキュリティ領域のブランディング活動をチームリーダーとして推進。安全安心な社会の実現に向けた情報発信に取り組む。

山井 忠則（やまい　ただのり）
スーパーコンピュータの研究開発、デビットカード決済や i-mode のメールシステムなどの SE を経て、いつまでも安心して生活できる社会のために、現在、サイバーセキュリティの啓発・ブランディングに従事。

若山　拓巳（わかやま　たくみ）
DX 領域のマーケティング活動に従事。セールス時代の経験を活かし、市場動向や DX の実態調査、DX の戦略発信、お客様の DX 推進活動など、NEC の DX 活動を幅広く推進。

〈参考文献〉

『サイバーセキュリティ経営ガイドライン』(経済産業省、独立行政法人情報処理推進機構(IPA))

『サイバーセキュリティ経営可視化ツール』(独立行政法人情報処理推進機構(IPA))

『NEC 情報セキュリティ報告書 2023』(日本電気株式会社)

『重要インフラのサイバーセキュリティに係る行動計画』(内閣サイバーセキュリティセンター)

『NIST　Cybersecurity Framework』(NIST)

『政府情報システムにおけるサイバーセキュリティフレームワーク導入に関する技術レポート』(デジタル庁)

『サイバーセキュリティ体制構築・人材確保の手引き　第2.0版』(経済産業省)

『CISOハンドブック　業務執行のための情報セキュリティ実践ガイド』(技術評論社)

『経営者のための情報セキュリティQ&A45』(北條孝佳編著、日本経済新聞出版社)

その他、各種サイバーセキュリティ関連Webサイト

〔編著者紹介〕

淵上真一
（ふちがみ・しんいち）
日本電気株式会社（NEC）Corporate Executive CISO
　兼 サイバーセキュリティ戦略統括部長
NEC セキュリティ 取締役（※ 2024 年 4 月着任）

ベンチャー系 SIer にて、プログラマ、ネットワークエンジニアを経た後、学校法人にて教鞭を執る傍ら、組織のセキュリティコントロールを手がける。また、司法・防衛関連のセキュリティトレーニングに携わる。NEC ではサイバーセキュリティ全社統括を担当し、NEC セキュリティの取締役に着任。CISSP 認定機関 ISC2 の認定主任講師として人材育成活動も務めており、2016 年には、ISC2 よりアジアパシフィック地域でセキュリティの発展に貢献した一人として、ISLA Senior Information Security Professional を受賞。
情報処理安全確保支援士集合講習認定講師、Hardening Project 実行委員、北海道大学 情報基盤センター 客員研究員、一般財団法人日本情報経済社会推進協会（JIPDEC）評議員、一般社団法人サイバー安全保障人材基盤協会（CSTIA）理事。
著書に『イラスト図解でよくわかるネットワーク& TCP ／ IP の基礎知識』（技術評論社、2018）がある。

NECが描く
デジタルトランスフォーメション（DX）に
ついてはこちらをご覧ください。

経営層のための
サイバーセキュリティ実践入門

〜生成AI、DX、コネクティビティ時代を勝ち抜くための必須スキル〜

2024 年 2 月 29 日　第 1 刷発行

著　　　者　　淵上真一
発 行 者　　鈴木勝彦
発 行 所　　株式会社プレジデント社
　　　　　　〒 102 - 8641　東京都千代田区平河町 2 - 16 - 1
　　　　　　平河町森タワー 13F
　　　　　　https://www.president.co.jp　　https://presidentstore.jp/
　　　　　　電話　編集　(03) 3237 - 3732
　　　　　　　　　販売　(03) 3237 - 3731

編　　　集　　渡邉 崇　田所陽一
編集協力　　加藤学宏、三津田治夫（株式会社ツークンフト・ワークス）
写真撮影　　宇佐美 雅浩
販　　　売　　桂木栄一　高橋 徹　川井田美景　森田 巌　末吉秀樹
ブックデザイン& DTP　中西啓一（panix）
図版制作　　橋立 満（翔デザインルーム）
制　　　作　　関 結香

印刷・製本　TOPPAN 株式会社

© 2024　NEC Corporation, Shinichi Fuchigami　　ISBN978-4-8334-2520-9

Printed in Japan
落丁・乱丁本はおとりかえいたします。